Laurence Shorter
Lazy Guru

Laurence Shorter

LAZY GURU

Entspannt durchs Leben

Mit Illustrationen von Magali Charrier

Aus dem Englischen von Elisabeth Schmalen

ARISTON

Die Originalausgabe erschien 2016 unter dem Titel *The Lazy Guru's Guide To Life. The Mindful Art of Achieving More by Doing Less* bei Orion, einem Mitglied der Orion Publishing Group, Ltd.

Bibliografische Information der Deutschen Bibliothek

Die Deutsche Bibliothek verzeichnet diese Publikation in der Deutschen Nationalbibliografie; detaillierte bibliografische Daten sind im Internet unter http://dnb.ddb.de abrufbar.

MIX
Papier aus verantwortungsvollen Quellen
FSC www.fsc.org FSC® C083411

Verlagsgruppe Random House FSC® N001967

Aus dem Englischen von Elisabeth Schmalen

Illustrationen: Magali Charrier
Umschlaggestaltung: Weiss Werkstatt München, unter Verwendung eines Motivs von Magali Charrier
Satz: Satzwerk Huber, Germering
Druck und Bindung: CPI Books, Leck
Printed in Germany

ISBN: 978-3-424-20149-9

Willkommen

Dies ist ein Buch darüber, MEHR zu erreichen, indem man WENIGER tut. Es geht darum, die Welt ANDERS zu sehen als sonst, frei von Stress und Strapazen.

Wie das geht, zeigt Ihnen der LAZY GURU:

ein weises und friedliches Wesen, das an einem ruhigen Fluss in einer verborgenen Ecke Ihrer Seele lebt.

Wenn Sie mit dem Buch durch sind, werden Sie wissen, wie man Dinge schafft, ohne in Stress oder Panik zu geraten …

Wie Sie Ihre Probleme anders lösen.

Also lehnen Sie sich zurück
und reisen Sie mit uns ins
Lazy-Guru-Land …

Faulheit ist ein jahrtausendealtes Konzept, das auf fernöstliche Religionen und Philosophien zurückgeht.

Die chinesischen Weisen
nannten es WU-WEI
oder

Es ist eine
LEBENSEINSTELLUNG,
eine Art und Weise, mit dem
ganzen Druck + Stress
umzugehen.

EIN FLOW-ZUSTAND,

in dem der Körper entspannt ist

und die AUFMERKSAMKEIT

auf ein Ziel gerichtet.

Im FLOW zu sein ist nicht kompliziert;
wir wurden alle mit der Fähigkeit geboren,
kreativ und GELASSEN zu sein ...

... doch IRGENDWIE geht
sie zwischendurch verloren.

Die große Frage lautet:

WARUM?

Der Lazy-Guru-Wegweiser zum Flow

KAPITEL 1

Menschen sind wie laufende Glühbirnen ...

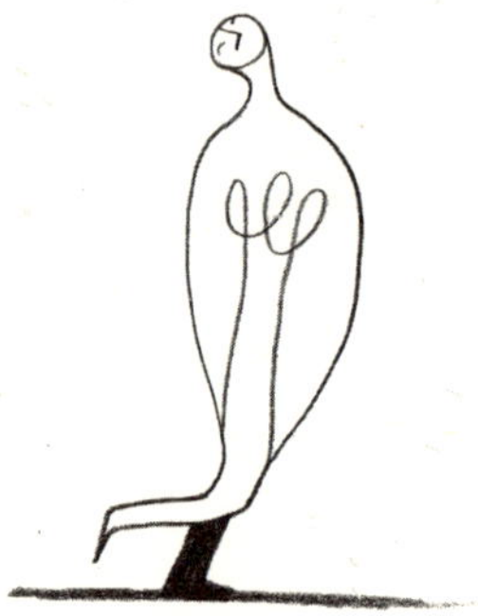

Voller Energie.

Doch das Licht verliert an Kraft ...

Es kommt und geht.

Das ist normal …

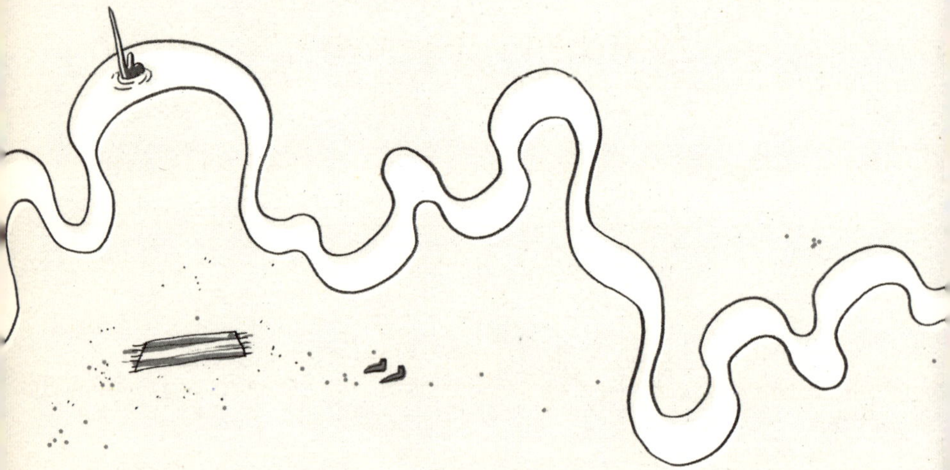

Wie bei einem Fluss
geht es auch bei uns AUF + AB.

Der Unterschied
zwischen Menschen und Flüssen
(na ja, einer davon)

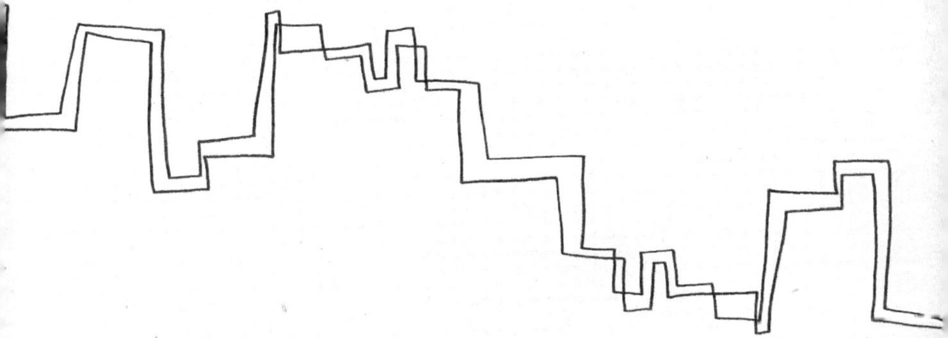

ist, dass wir diesen
NATÜRLICHEN VERLAUF
nicht einfach akzeptieren,
sondern ihn kontrollieren wollen.

Bei Gefühlen
kann der
NATÜRLICHE
VERLAUF
ziemlich unheimlich
sein.

Man weiß nie genau,
WAS passiert,

wenn man ihnen FREIEN LAUF lässt!

Die ganze Welt könnte in die Brüche gehen

und ins Klo
fallen ...

Vor allem,
wenn es
Ihnen
nicht
so gut
geht.

Und so kommt es,

dass Sie Ihre Gefühle
in kleine KISTEN stecken

(anstelle von mächtigen Flüssen),

an einen Ort,

wo sie sicher

+ außer Sichtweite sind.

Doch was passiert, wenn man versucht,

einen mächtigen

Fluss

in eine

kleine Kiste zu packen?

Es ist
SEHR MÜHSAM,

ihn drinnen
zu halten.

Es kostet sehr viel

ENERGIE,

diesen

STROM

einzudämmen,

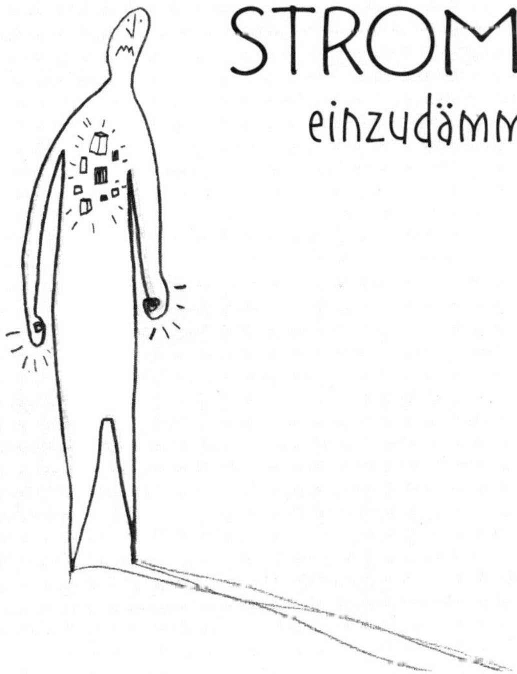

damit wir brave

Jungs + Mädchen sein können.

Das Ergebnis ...?

Ein großer Teil des natürlichen Bewusstseins geht verloren.

Und obendrein

müssen wir lauter

LÖCHER + LÜCKEN füllen,

an den Stellen, wo wir

GAR NICHTS

mehr spüren.

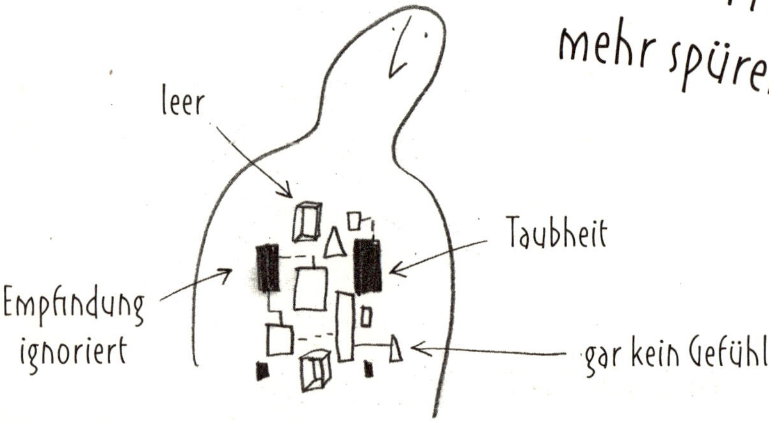

Löcher,
die die Welt nur zu gern

mit anderen
SINNESEINDRÜCKEN
zuschüttet.

Und das Schlimmste ist:

Wir holen uns die Energie, die wir in uns selbst

UNTERDRÜCKEN,

bei ANDEREN

und erklären das zu einer
NORMALEN SITUATION!!
Befürwortet und abgesegnet
von der Gesellschaft.

Damit das alles funktioniert,

müssen wir diese

GEFÜHLE

an Ort + Stelle
halten.

Der Nachteil ist:

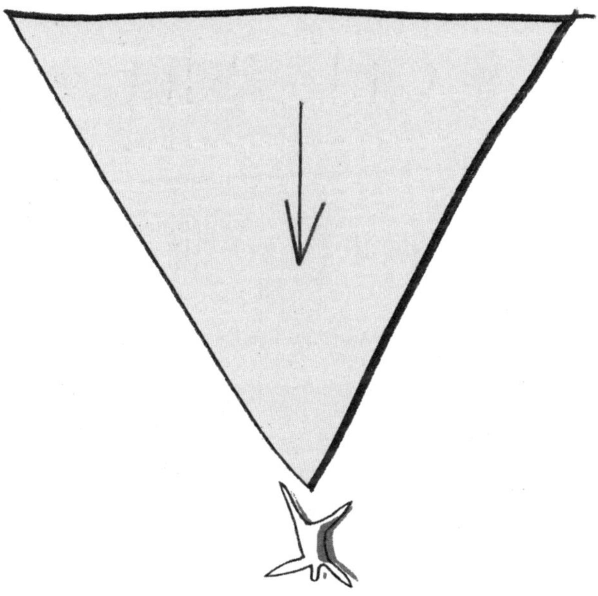

Irgendetwas fühlt sich nicht ganz richtig an.

Es fühlt sich an, als

FEHLE

etwas.

+ Da sind

das hell leuchtende Licht

und dieser Fluss
der Gefühle.

Um das in Ordnung zu bringen,
nehmen wir uns vor,
uns wann anders
WOHLZUFÜHLEN.

Wir schaffen einen Bruch zwischen

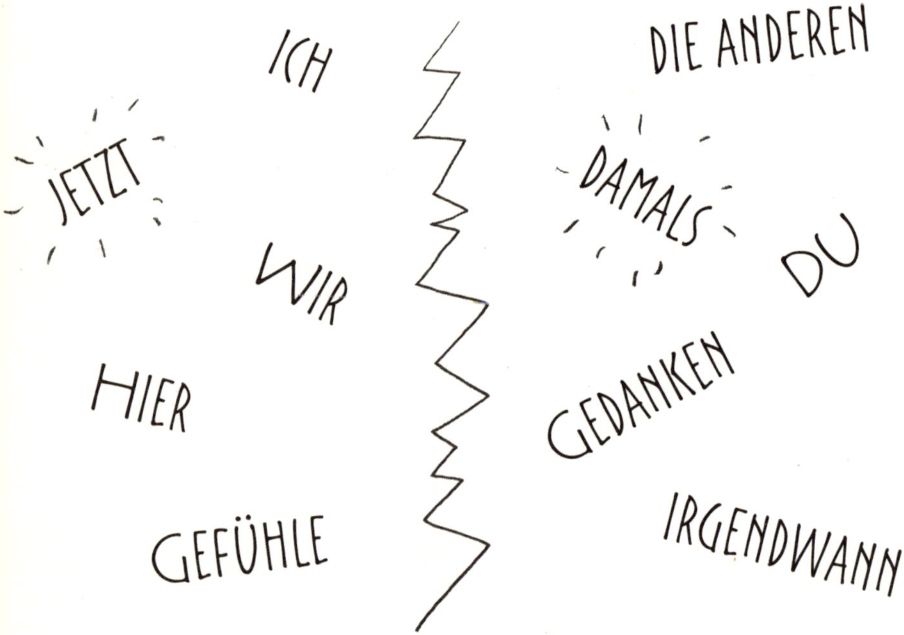

und versuchen dann,
ihn wieder zu kitten.

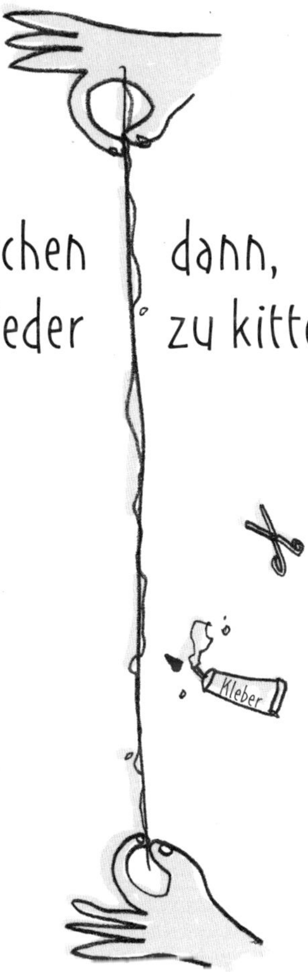

Kein Wunder,
dass wir so gestresst sind!

Wir befinden uns in einem Hamsterrad

und alles erscheint so REAL

und so WICHTIG!

Sicherheit
garantieren

nationale
Interessen
wahren

Wirtschaftswachstum

Die IRONIE besteht darin,

dass man Dinge
am besten erledigen kann,

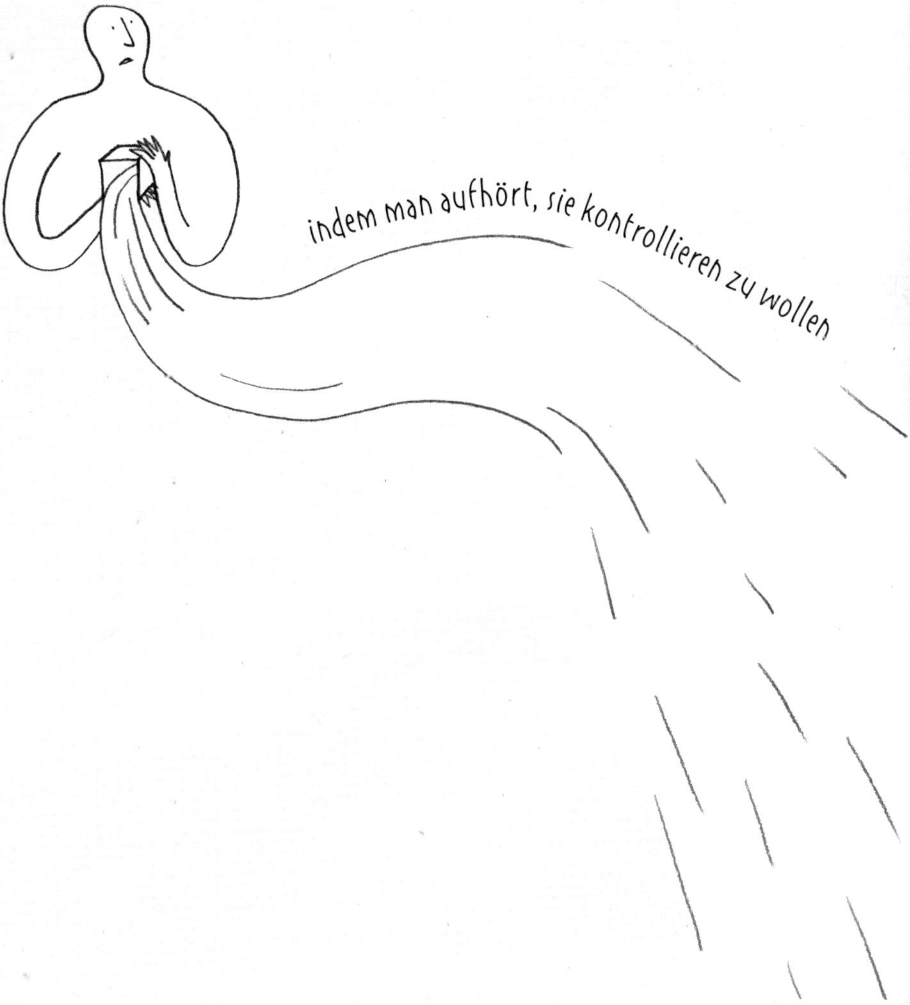
indem man aufhört, sie kontrollieren zu wollen

und der in

Hülle und Fülle vorhandenen Weisheit

der Welt erlaubt

zu wirken

WEISE?
Moi?

Das Prinzip der Selbstorganisation

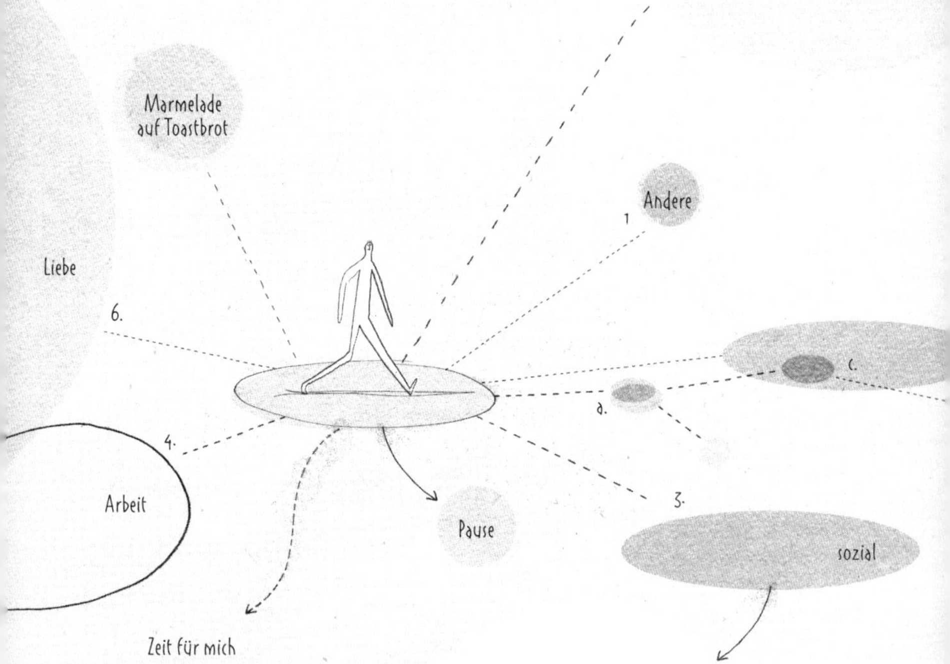

KAPITEL 2

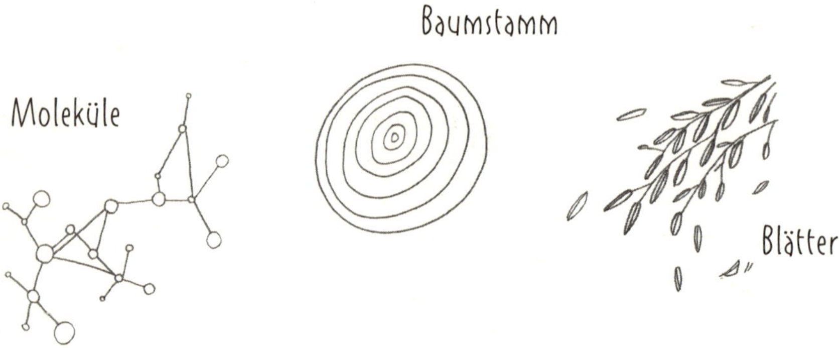

Wenn wir die Natur betrachten,
sehen wir, dass sich unabhängig
funktionierende Teile zu einem komplexen +
wunderschönen Ganzen zusammenfügen,

Federn

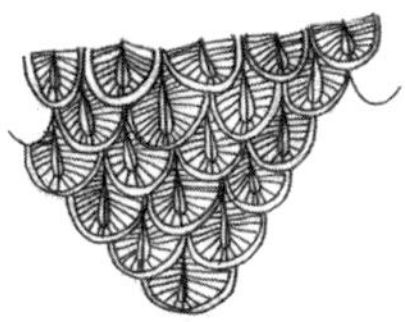

Staren-
schwärme

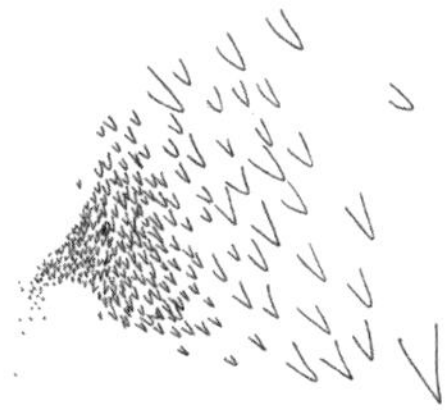

Nebelflecken

ohne dass jemand das organisieren müsste.

Bienenwabe

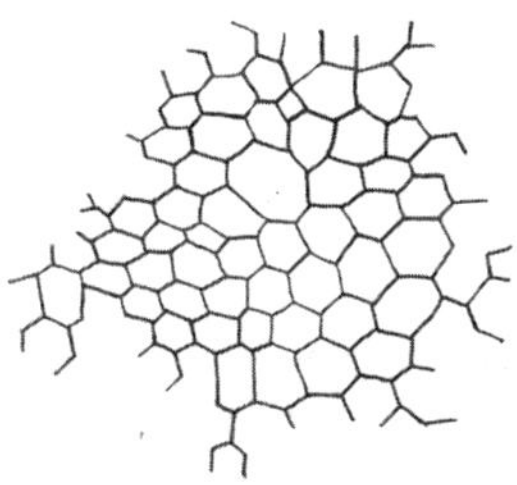

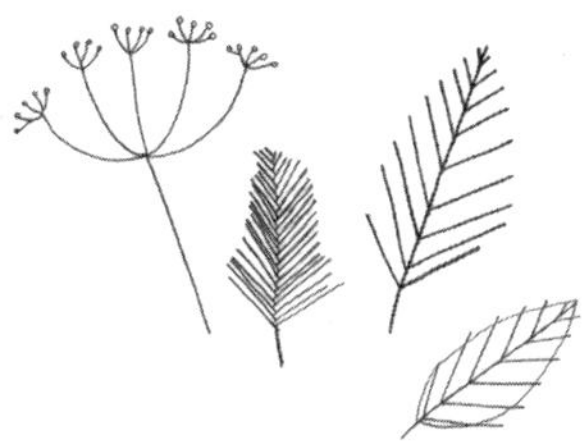

Blätter und so …

Das lässt sich bei Tieren,
Pflanzen und
Flusssystemen
beobachten …

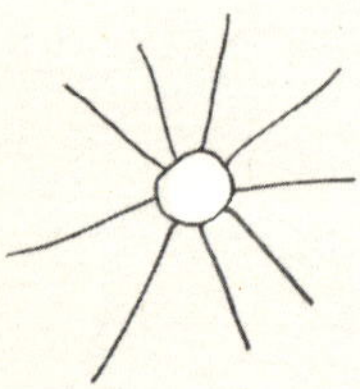

Und auch bei uns!

Sei es in Fußballmannschaften,
Menschenmengen oder Unternehmen:
Wenn Menschen zusammenkommen,
sind sie – mit ein paar einfachen
Regeln – zu tollen Dingen fähig,
ohne dass man ihnen vorschreibt,
was zu tun ist.

Denn wie bei allem in der Natur
gilt sogar bei unserem GEHIRN:
Es »organisiert sich selbst«.

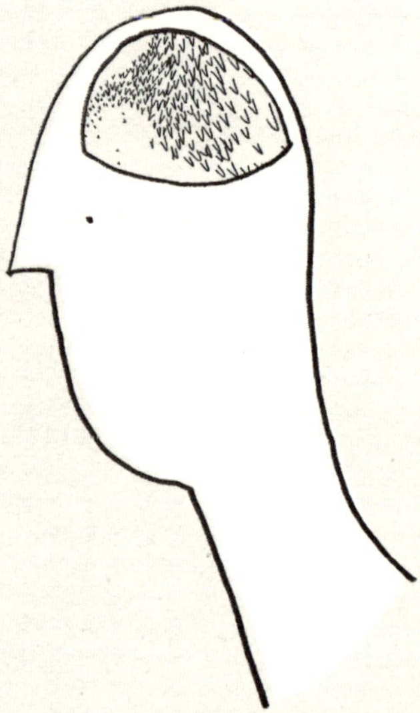

Wir treffen jeden Tag mühelos **MILLIONEN** Entscheidungen,

laufen

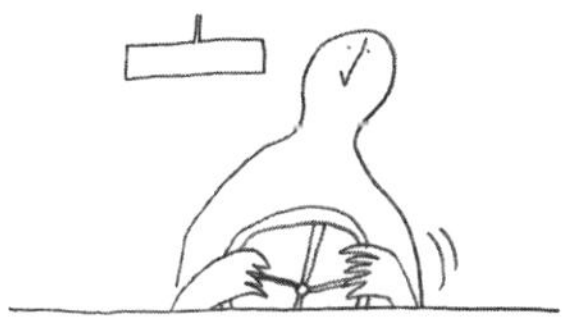

fahren

sich am Kopf kratzen

ohne darüber nachzudenken.

Wenn Sie beispielsweise
eine Menschenmenge durchqueren,

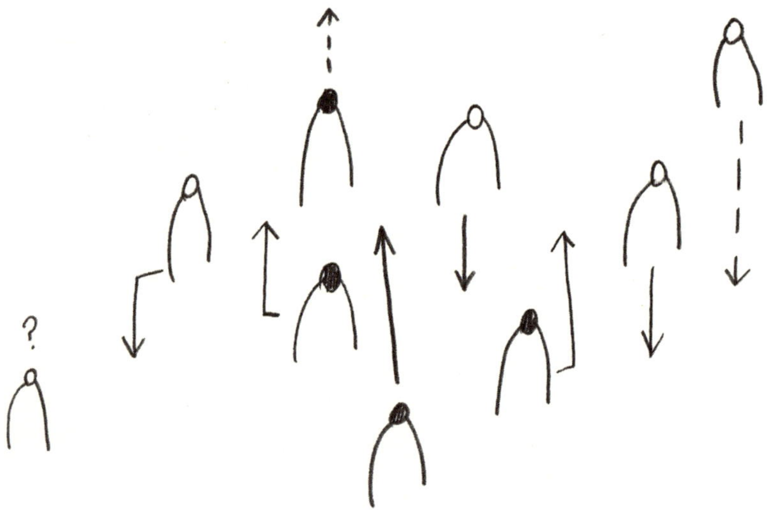

machen Sie sich
vorher keine Gedanken,
Sie halten keine
PLANUNGSTREFFEN
deswegen ab.

(Ihr denkender Verstand
schaltet sich gar nicht erst ein.)

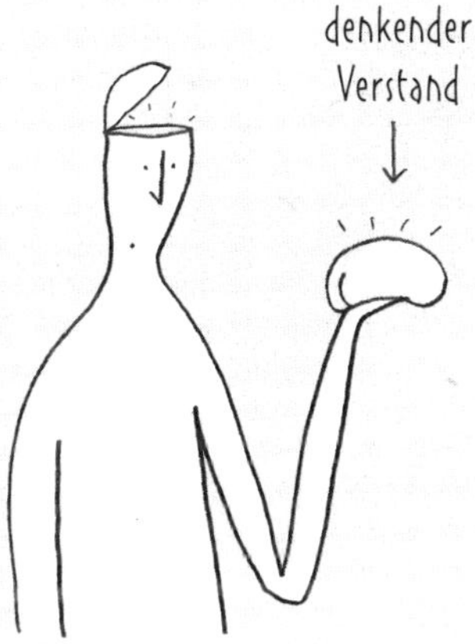

Sie sind ein Genie darin,
einfach mit dem Flow zu gehen!!!

Selbst wenn Sie
SEHR KOMPLEXE
Entscheidungen treffen müssen.

(Zum Beispiel ... wo Sie wohnen wollen?)

Sie stressen sich deshalb vielleicht,

doch die Entscheidung geht

letztendlich von einer mysteriösen Stelle

FERNAB DES VERSTANDS aus.

WARUM?

Weil der IMPULS zu handeln NICHT durch Denken ausgelöst wird, sondern durch ein kompliziertes Gemisch aus:

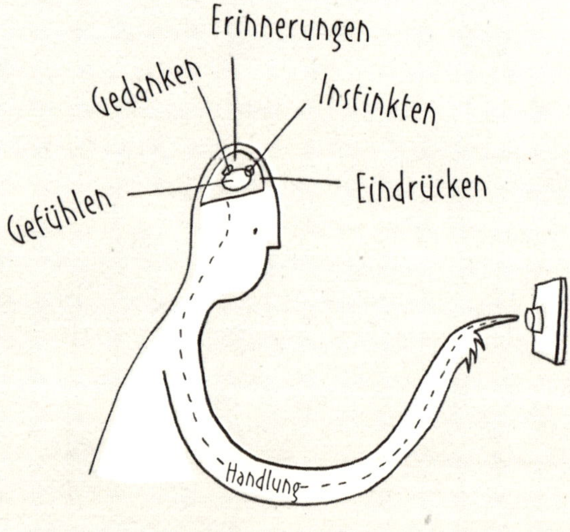

Und weil er viel größer ist als die kleine Kugel,
die wir einen GEDANKEN nennen …

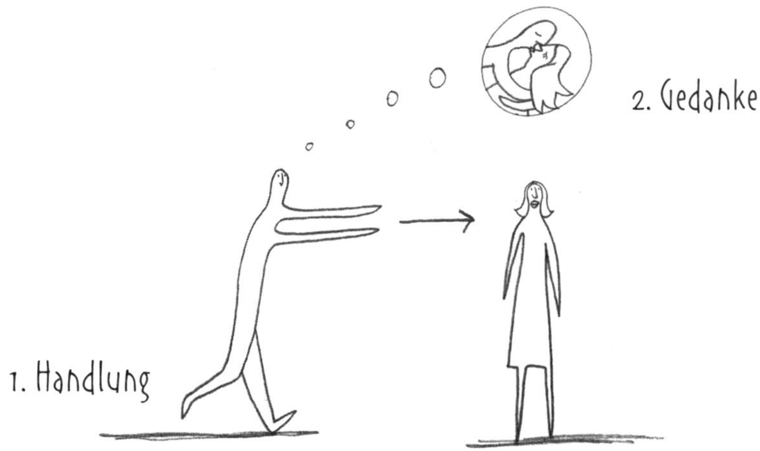

Sowohl die Forschung als auch die Erfahrung legen nahe, dass Intelligenz nicht auf unser kleines Gehirn an sich beschränkt ist, sondern eher wie ein Bewusstseinsfeld ist …

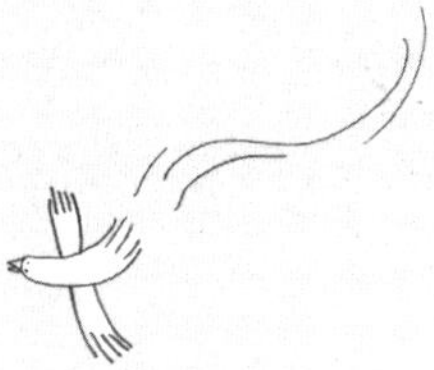

Ein »Bewusstseinsfeld«,
das auch alles andere
umfasst,

auch die Menschen + Dinge,
mit denen wir zu tun haben.

Wenn wir uns im Flow befinden,
sind wir entspannt genug,
um diese ganzen Informationen zu
verarbeiten – was im Gegenzug zu mehr
Kreativität + mühelosem Handeln führt.

Zudem bewegt sich unsere Hirnaktivität dann
in einem bestimmten Frequenzbereich,
was uns offener, kreativer und
empfänglicher macht.

Einige BEISPIELE:

Ein Tennisspieler kämpft nicht länger darum,
sein Spiel zu verbessern

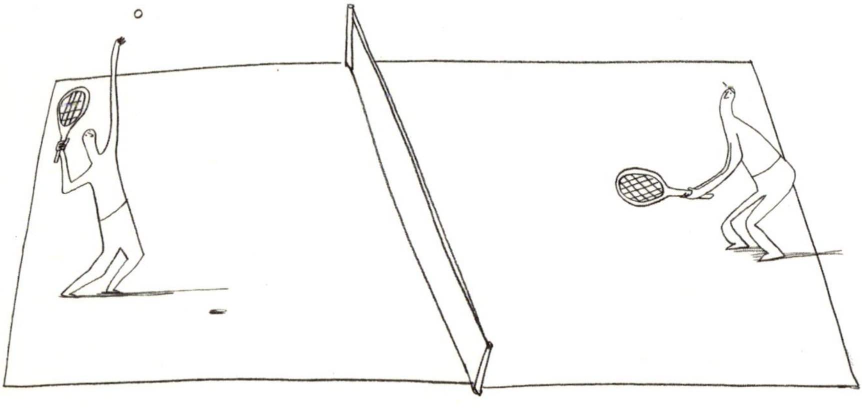

und lernt stattdessen, indem er
sich nur auf den Ball konzentriert.

Eine Rednerin kämpft nicht länger darum,
die richtigen **Worte** zu finden,

atmet durch

und spürt bewusst ihre Füße,

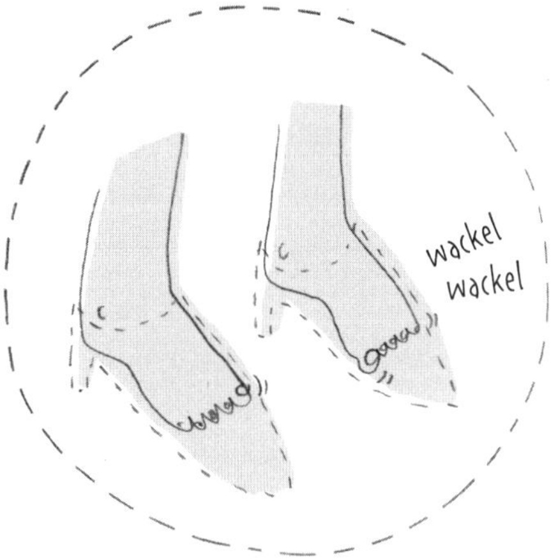

und die Worte FLIESSEN
ganz wie von selbst.

Ein Unternehmer kämpft nicht mehr darum, seine Termine unter einen Hut zu bekommen, macht etwas anderes

und wartet darauf,
dass sich das Problem in seinem Kopf
neu sortiert.

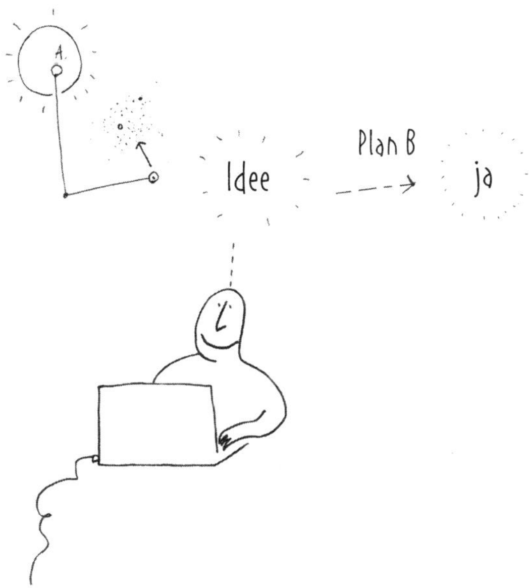

Den meisten von uns wurde beigebracht,
wir müssten HART ARBEITEN,
um auf solche Lösungen zu kommen.

Doch tatsächlich ist KEINER
dieser Ansätze mit Anstrengung
verbunden, stattdessen verbindet
sie alle nur eines:

Sie schieben
den denkenden Verstand beiseite

und lassen etwas anderes zu.

Nehmen Sie sich einen Moment Zeit und
ÜBERLEGEN Sie, was Sie im Leben alles gelernt
und erreicht haben …
Denken Sie an INSPIRIERENDE, erfolgreiche
oder lebensverändernde Augenblicke …
Staunen Sie darüber, wie gut der UNBEWUSSTE
Teil Ihres Hirns Dinge bewirken kann, ganz ohne
dass Sie sich darüber Gedanken machen …

Was muss ich jetzt tun?
Wie kann ich sicherstellen,
dass ich im Flow bleibe?

Wie man Raum schafft

KAPITEL 3

Erinnern
Sie sich
an die Kisten?

Sie enthalten
die Energie + die Informationen,
die wir brauchen,

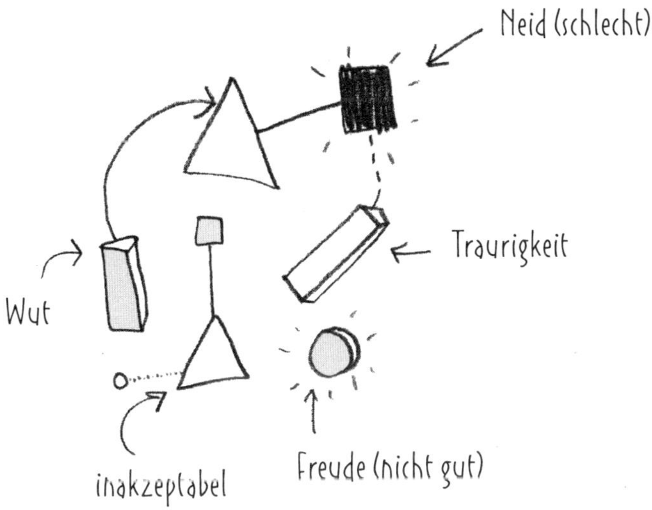

um uns zu befreien.

Doch aus irgendeinem Grund
vermeiden wir es meistens,
sie zu öffnen.

Dadurch wird die positive Energie,
die sie enthalten, in unserem Körper gebunden,
in Form von Muskelverspannungen,
Verdauungsstörungen, ungesunder Haltung,
Kurzatmigkeit und strikten
Überzeugungen.

Deshalb fühlen wir uns oft gestresst,
ohne zu wissen, warum ...
nicht selten ganz plötzlich + unerwartet.
Es ist, als würde etwas von uns
BESITZ ERGREIFEN + eine Weile
lang über uns bestimmen,

etwas ganz anderes zu sein:

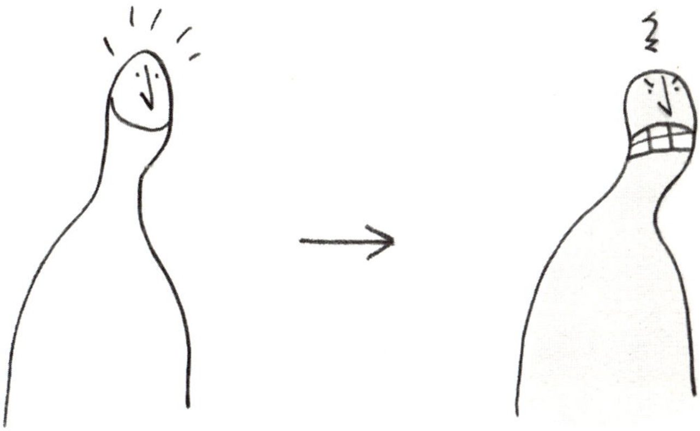

ein Stressmonster.

Unser inneres Stressmonster ist
wie eine abgewandelte Version unserer
selbst, die mit nichts von dem, was gerade
geschieht, einverstanden ist.

Beim passenden Auslöser verursacht

unser inneres Stressmonster dicke KNOTEN,

indem es versucht, alles zu REGELN,

zu RICHTEN +

zu KONTROLLIEREN.

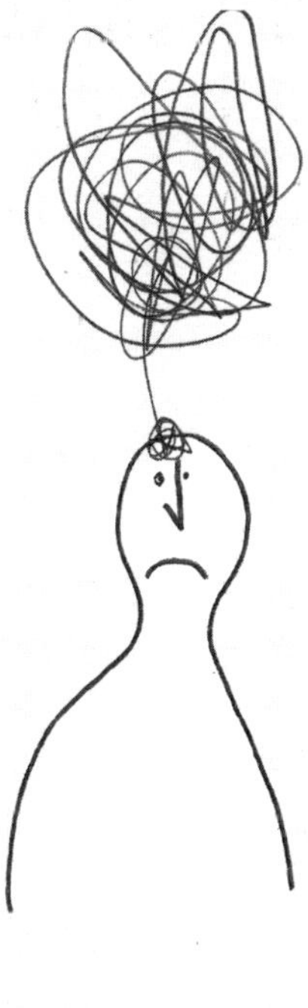

ES IST WIE EINE SPIRALE:

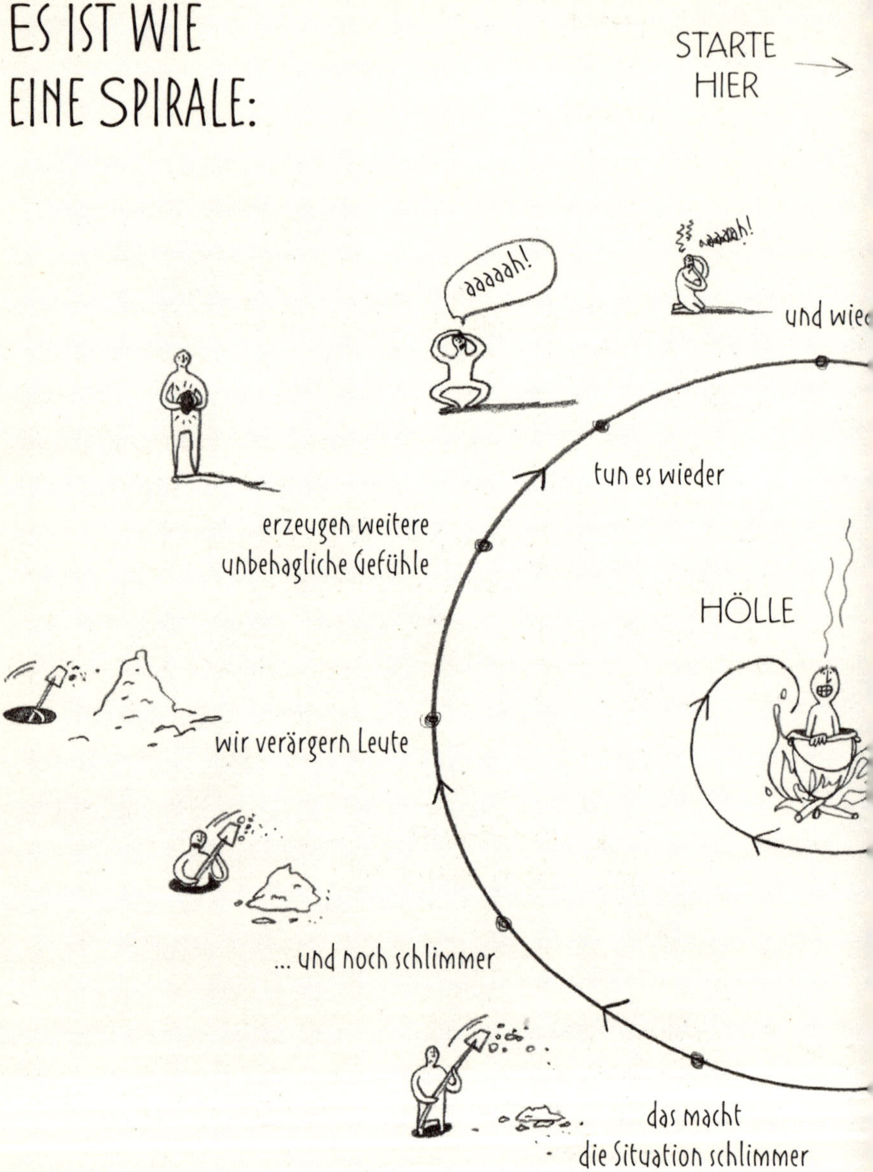

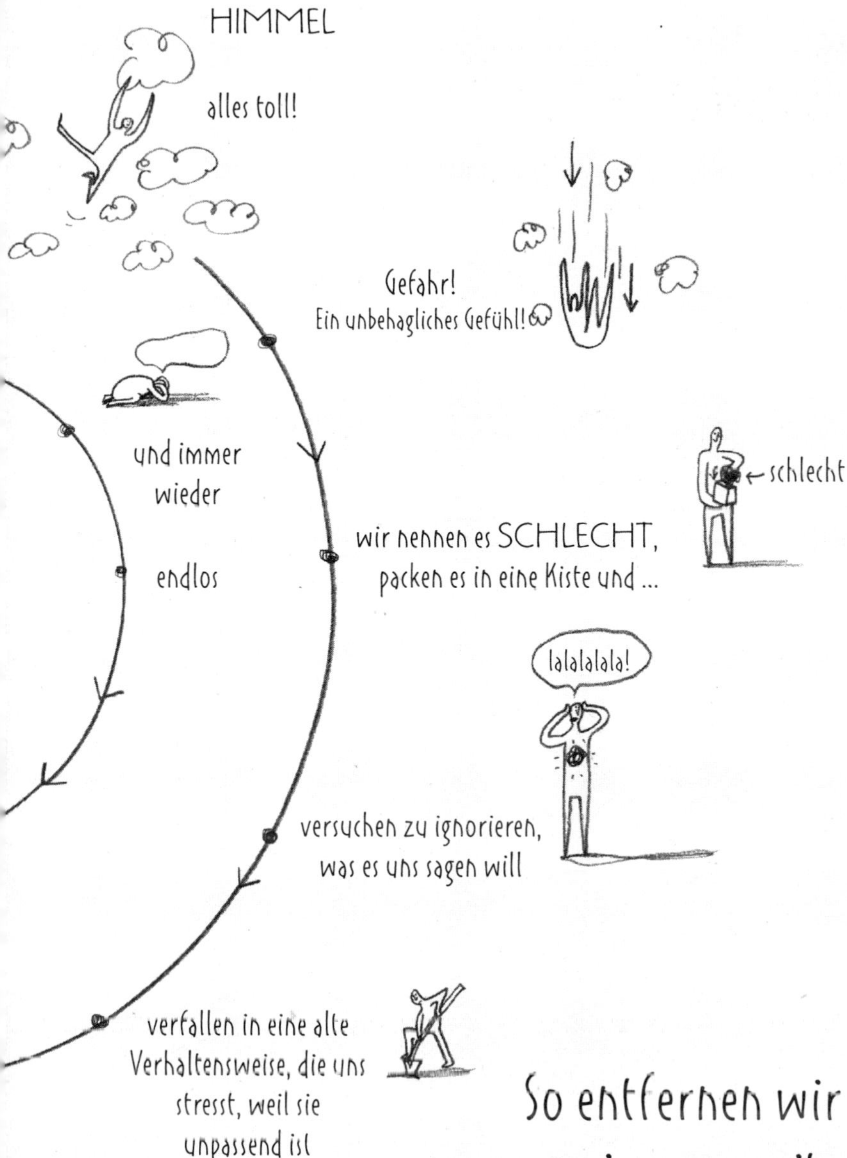

So entfernen wir uns immer weiter von der Harmonie.

Was uns davon abhält,
die Möglichkeiten und Lösungen
DIREKT VOR UNSERER NASE
zu entdecken!

Statt uns wie ein genialer,
selbstorganisierter, alle Menschen
umfassender Starenschwarm
zu verhalten,

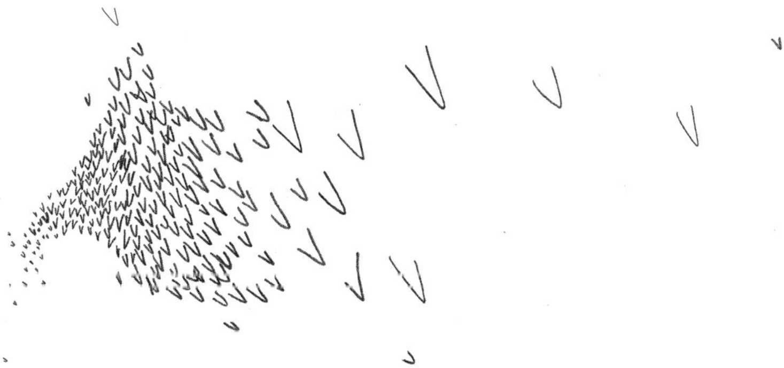

werden wir zu einer Gesellschaft
voller selbstbezogener, neurotischer
Kontrollfreaks,

die Überstunden machen müssen,

um sich gut zu fühlen.

Was ist also zu tun?

Wie stellen wir den NATÜRLICHEN FLOW wieder her

und lösen diese Knoten

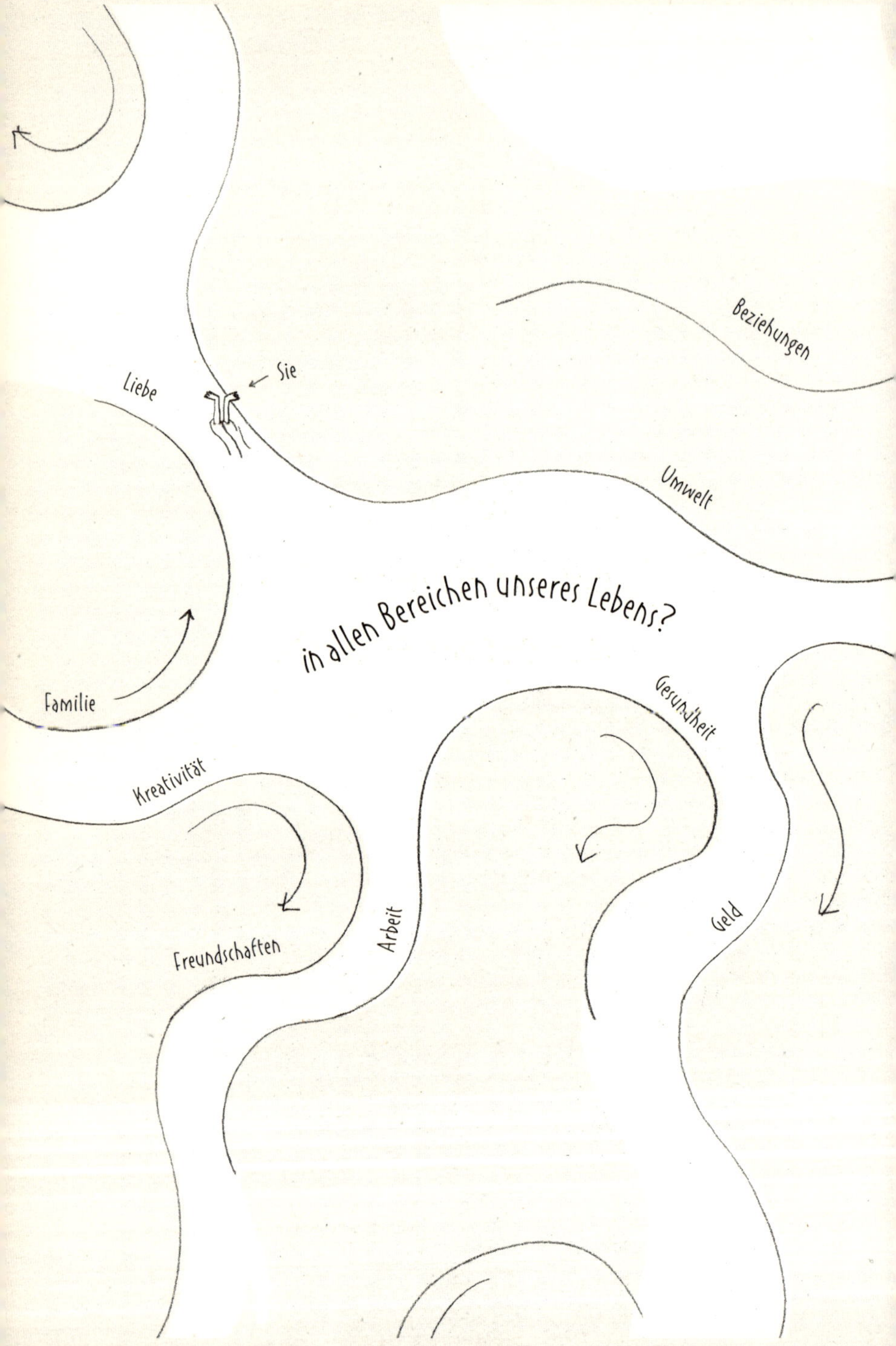
Beziehungen
Sie
Liebe
Umwelt
in allen Bereichen unseres Lebens?
Familie
Gesundheit
Kreativität
Arbeit
Geld
Freundschaften

Nun ja …
das Gegenmittel ist
wunderbar einfach:

Schaffen Sie Raum,

damit sich alle Knoten & Probleme
VON SELBST LÖSEN können.

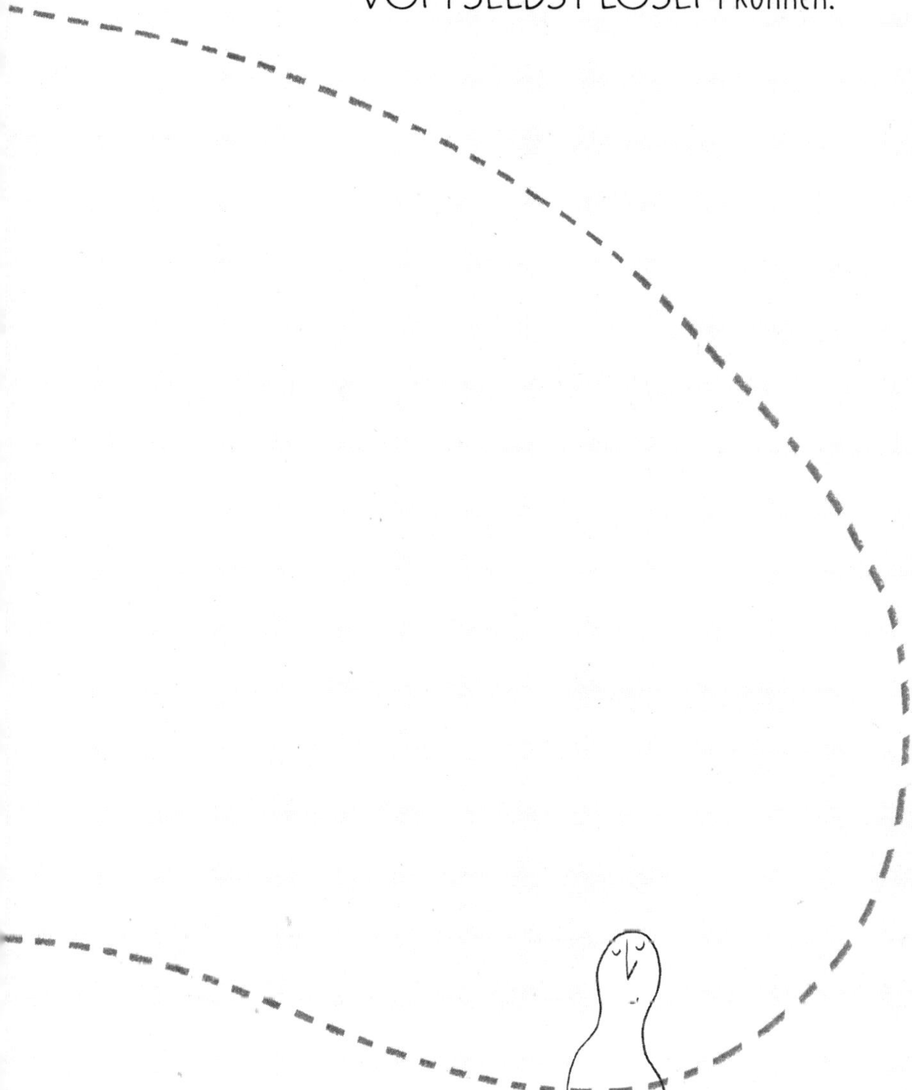

RAUM
zu schaffen

ist etwas, das wir alle instinktiv beherrschen – obwohl wir es auf verschiedenen Wegen erreichen:

durch Laufen, Golf, Yoga, ein Bad, Segeln, Schwimmen, Komödien, Gespräche.

Doch ein Blick auf diese kreativen Angewohnheiten zeigt: Es geht immer um drei einfache Fähigkeiten …

Die 3 Regeln des Lazy Guru

innehalten

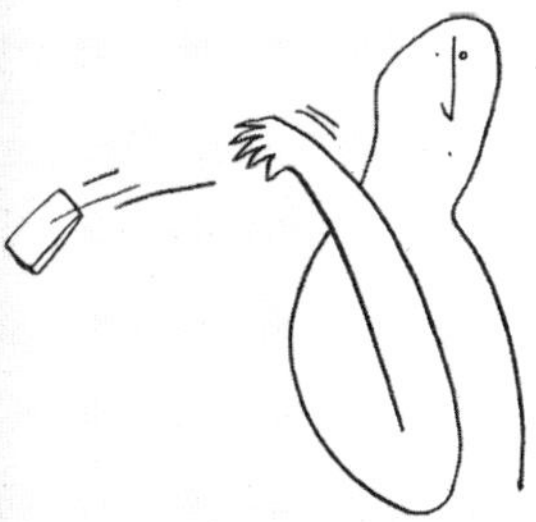

1.

Durch das Innehalten durchbrechen wir das Muster der stressbasierten Handlungen.

hören

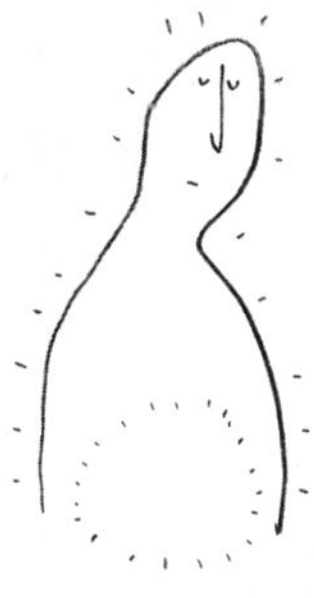

2.

Durch das In-sich-Hineinhören nehmen wir eine größere Menge an Informationen wahr.

loslassen

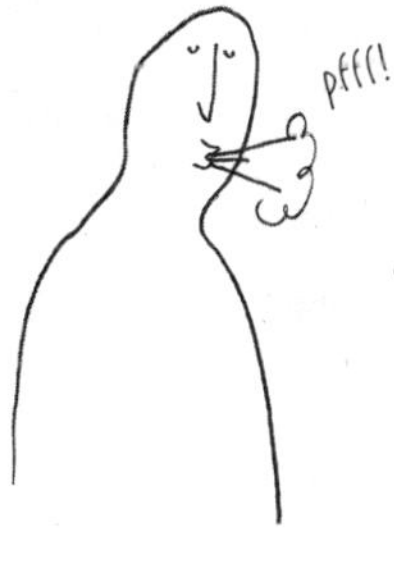

3.

Durch das Loslassen ermöglichen wir uns, aufgrund dieser Informationen neue Wege einzuschlagen.

Diese simplen Handlungen
der Achtsamkeit verringern den Stress,
der das Ruder übernommen hat.

Sie entwirren die Knoten,
statt sie festzuziehen.

Sie können JEDERZEIT
angewendet werden.

Wie man lazy ist

KAPITEL 4

Ob Sie im Büro sind,
am Flughafen oder im Gebirge,
ob Sie arbeiten oder sich amüsieren,
ob Sie am Strand liegen oder im Bett,
ob Sie denken, lesen oder reden …

1. Innehalten

Warten Sie

WAS Sie auch gerade tun.

Halten Sie inne,
unterbrechen Sie die Spirale.

Schalten Sie Ihr Handy aus, Ihren Laptop, Ihre Kamera, Facebook, YouTube … Legen Sie die Bücher weg, die Zeitschriften, die Arbeitsunterlagen … Machen Sie die Musik aus.

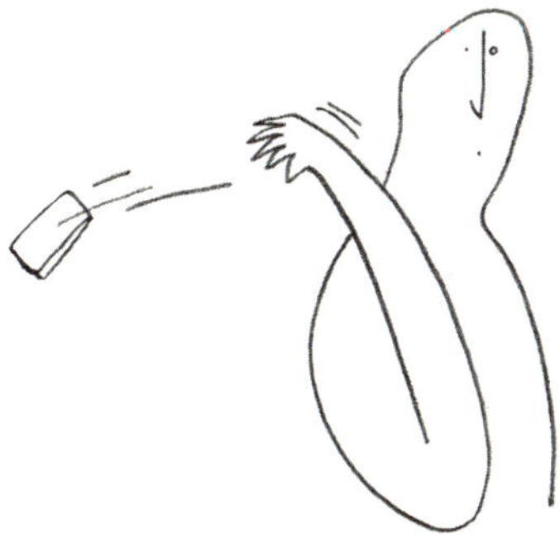

Was auch immer
als Nächstes geschieht,

lassen Sie es zu.

Sie schaffen Raum …

Das kommt selten vor.

INNEHALTEN – WARUM?

Zu lernen, wie man innehält, ist der erste Schritt auf dem Weg aus der Stressmonster-Spirale. Selbst wenn wir meinen, wir seien produktiv, handeln wir oft gestresst und ineffizient, ohne es zu bemerken.

Innezuhalten hilft in vielen Situationen – nicht nur bei Katastrophen und Krisen, sondern auch bei Abgabefristen und Abendgesellschaften. Als voll entwickelter Lazy Guru werden Sie jeden Tag viele Male innehalten, immer wenn Sie das Gefühl haben, den Flow zu verlieren. So schaffen wir Raum und Perspektiven und erkennen, wie engstirnig und beschränkt wir gerade denken.

Halten Sie einfach inne, egal, was Sie gerade tun.

Okay!

INNEHALTEN

Disziplin:	Ans Innehalten denken
Hindernis:	unsichtbarer Stress
Erschwerende Überzeugungen:	»Muss weiterkommen.« »Das Leben ist ein Kampf.« »Nur die Stärksten überleben.« »Arbeit sollte keinen Spaß machen.«
Tipp:	Lernen Sie zu erkennen, wann Sie Ihr Leben nicht genießen ... das bedeutet: Sie sind nicht im Flow.

Nehmen Sie sich JETZT einen Augenblick, um zu ...

2. Hören

Versuchen Sie, Ihre eigene Frequenz
zu finden, jetzt gleich,
den Einfach-sein-Radiosender.

Hören Sie auf das, was in Ihrem Körper vorgeht.

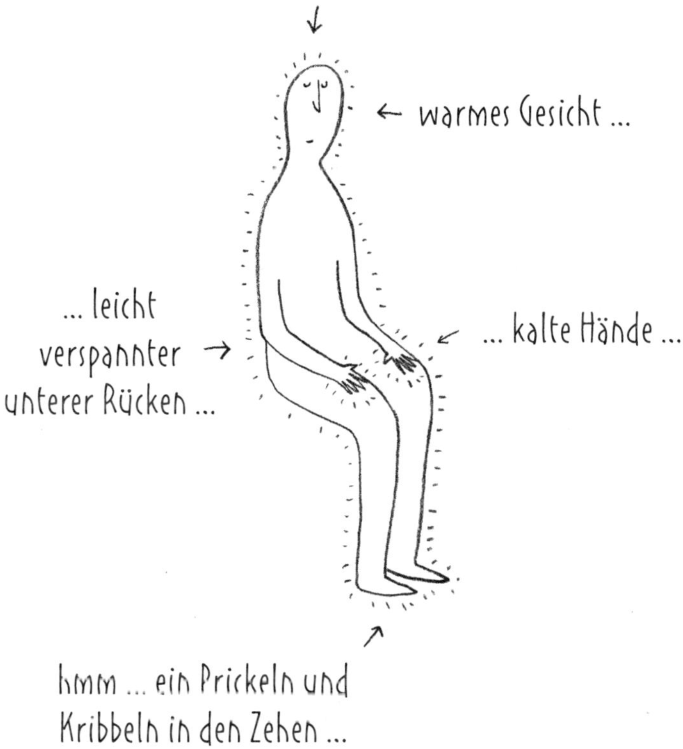

Vielleicht sind Sie abgelenkt,
gelangweilt, belustigt oder
unangenehm berührt.

Können Sie all das BEOBACHTEN,
ohne etwas tun zu müssen?
Können Sie Ihre Eindrücke und
Empfindungen SPÜREN, ohne sie
beschreiben oder benennen zu müssen?
Können Sie sie so annehmen, wie sie sind?

Machen Sie sich beim In-sich-Hineinhören bewusst, dass Sie auf einmal mehr wahrnehmen als sonst:

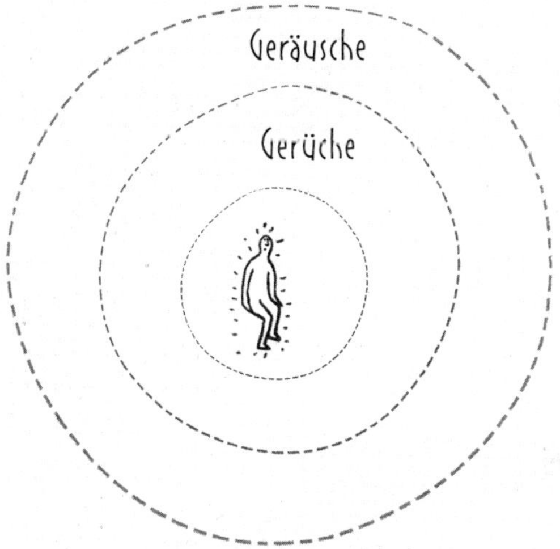

Gefühle, Sinneseindrücke, Erinnerungen.

Wenn Sie sich ANGESPANNT
oder GESTRESST fühlen,
lassen Sie es zu …

LASSEN SIE DEN GEDANKEN
UND EMPFINDUNGEN
FREIEN LAUF.

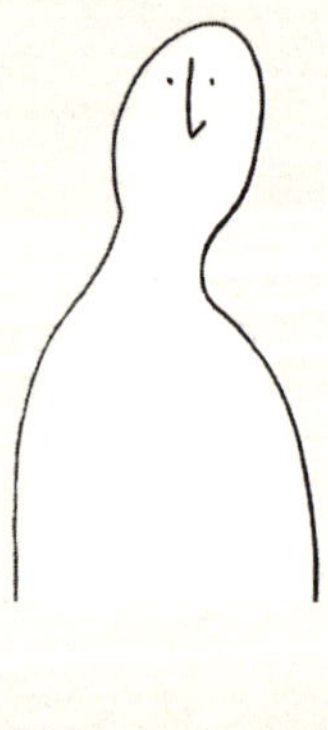

Hören – WARUM

Die Zeit, die Sie jetzt mit In-sich-Hineinhören verbringen, erhalten Sie später in Form von Energie, Inspiration und Produktivität zurück. Beim Lauschen setzen Sie automatisch den größeren, unbewussten Teil Ihres Gehirns ein.

Sie aktivieren die selbstorganisierende Kraft: die natürliche Weisheit Ihres Körpers, Ihres Geistes und der Welt um Sie herum.

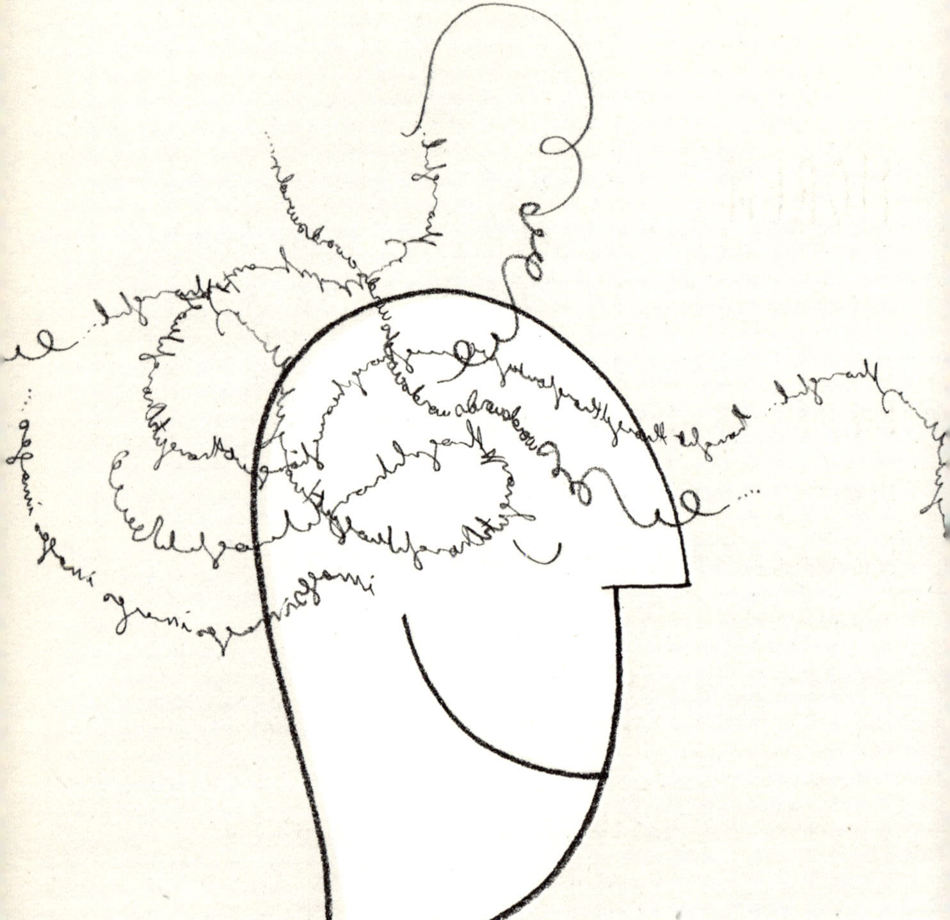

HÖREN

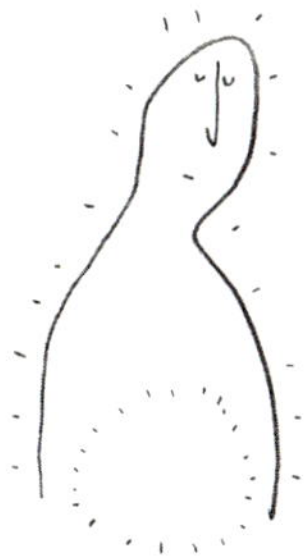

Disziplin:	Den Verstand ausschalten
Hindernis:	Ungeduld
Erschwerende Überzeugungen:	»Ich habe zu viel zu tun.« »Ich sollte lieber arbeiten.« »In-sich-Hineinhören ist egoistisch/Nabelschau.«
Tipp:	Trainieren Sie das In-sich-Hineinhören wie andere Muskeln auch. Üben Sie, die Eindrücke und Empfindungen, die Sie wahrnehmen, einfach zu beschreiben. Seien Sie präzise: Versuchen Sie, nichts als gut oder schlecht zu bewerten.

Und jetzt, wo immer Sie sich gerade befinden, versuchen Sie …

3.

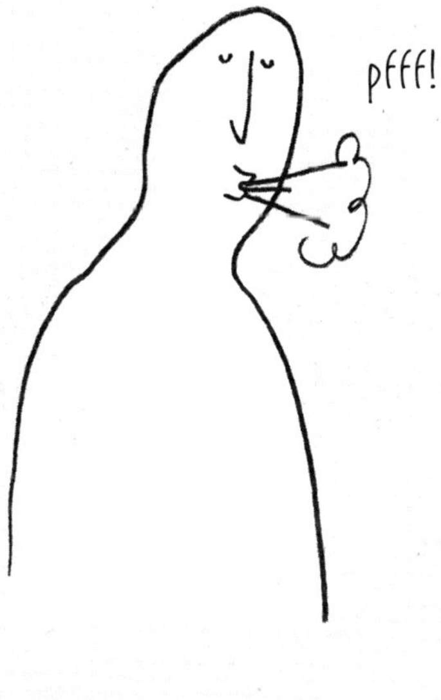

LOSZULASSEN

Egal, was Sie GLAUBEN,
tun (oder fühlen)
zu müssen.

Spüren Sie, wie Sie sich unterschwellig sogar, während Sie das hier lesen, dagegen wehren, sich VOLLENDS zu entspannen, als sei ein Teil von Ihnen wachsam, als hätten Sie BEREITS ENTSCHIEDEN, was Sie als Nächstes tun werden.

Können Sie
dieses Gefühl LOSLASSEN?

Können Sie ALLES loslassen,
nur für einen Augenblick?

Schauen Sie, ob Sie entspannen,
warten und sich für etwas öffnen können,
das Ihnen möglicherweise völlig
unbekannt ist.

(EINE LÖSUNG,
EIN NÄCHSTER SCHRITT,
ETWAS, AN DAS SIE NOCH GAR
NICHT GEDACHT HABEN ...)
LASSEN SIE LOS ... LASSEN
SIE ES GESCHEHEN.

PS:

Sie können sich nicht dazu ZWINGEN loszulassen.

Loslassen kann man nur, indem man seine Vorstellungen aufgibt (einschließlich der Vorstellung loszulassen) und sich entspannt.

Tun Sie einfach Ihr Bestes. Achten Sie darauf, wann Sie angespannt sind und sich an etwas klammern, behalten Sie das im Auge und warten Sie ab.

LOSLASSEN – WARUM?

Loszulassen ist gleichzeitig das Einfachste und das Kniffligste, was ein Lazy Guru meistern kann. Es ist genauso leicht und schwer, wie mitten in einem Streit »Ich habe mich geirrt« zu sagen oder eine neue Richtung einzuschlagen, wenn die vorherige keinen Sinn mehr ergibt.

Wir halten aber nicht nur an Handlungen fest, sondern auch an Gefühlen – Wut, Ablehnung, Traurigkeil, Stolz. Das sind unangenehme Emotionen, aber trotzdem sind wir seltsam unwillig, sie loszulassen.

Doch an etwas festzuhalten – sei es eine Vorstellung, eine Handlung oder ein Gefühl – hält uns oft genau von dem ab, was wir am dringendsten brauchen.

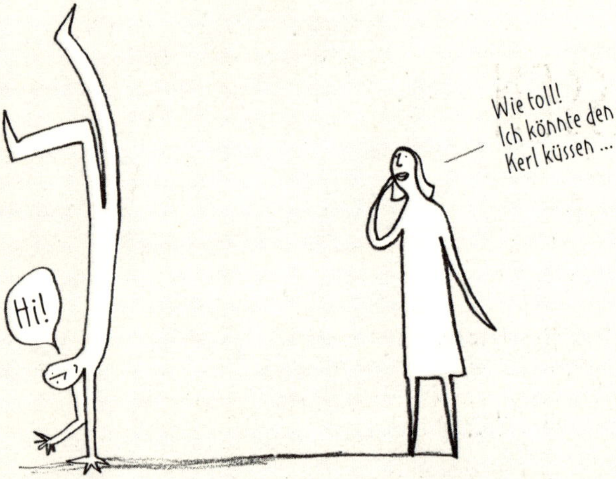

Irgendwann kommt
das Loslassen von ganz allein.

LOSLASSEN

Disziplin:	Sich fügen
Hindernis:	ein Gefühl der Machtlosigkeit
Erschwerende Überzeugungen:	»Ich hatte Pläne.« »Ich brauche das.« »Wenn ich das nicht mache, sterbe ich.«
Tipp:	Achten Sie darauf, wie oft das Wort »sollte« in Ihren Selbstgesprächen auftaucht, etwa in »Ich sollte …« oder »Er sollte …«. Was würde passieren, wenn aus »sollte« »könnte« würde, wie in »Wir könnten jetzt dies tun« oder »Wir könnten etwas anderes machen«. Eröffnet Ihnen das neue Möglichkeiten?

So …

Das sind also die Grundpraktiken eines Lazy Gurus. Wenn Sie diese drei Vorgaben meistern, haben Sie alles, was Sie brauchen, um sich auf den Weg zu Inspiration und Glück zu machen.

innehalten hören loslassen

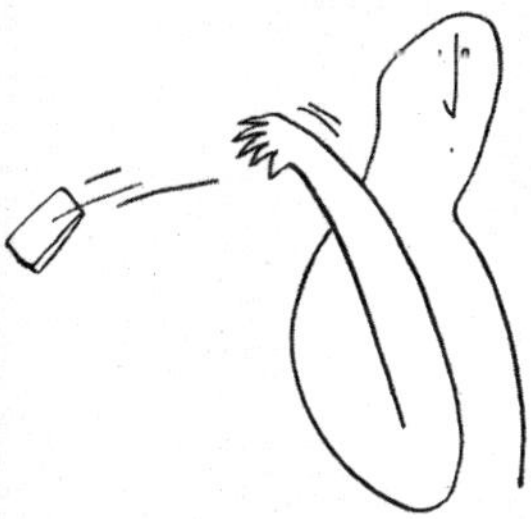

1.

2.

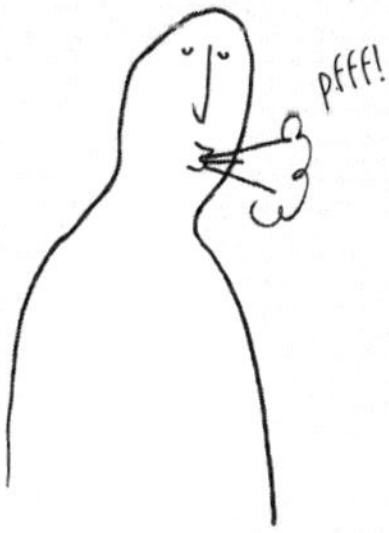

3.

KAPITEL 5

7 Übungen für Lazy Gurus

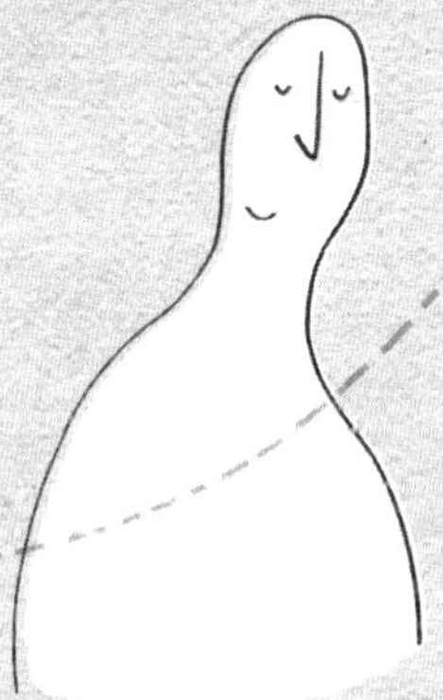

Wenn Sie sich ENTSPANNEN und die Fähigkeiten eines Lazy Gurus trainieren, werden Sie irgendwann EIGENE WEGE finden (von denen Sie einige vielleicht schon seit Jahren praktizieren), um Raum zu schaffen. Bis dahin SIND HIER EIN PAAR IDEEN, die Sie zu Hause ausprobieren können …

1. Wohlwollen
2. Bettitation
3. »Sollte«-Abladeplatz
4. Hausputz
5. Locker lassen
6. Keine Ablenkungen
7. Kommunikation

1.

Dinge laufen schief …

Fehler passieren …

Gefühle kommen hoch …

WOHLWOLLEN

Denken Sie an einen Augenblick
in der jüngeren Vergangenheit,
in dem Ihr inneres Stressmonster
das Ruder übernahm.

Spielen Sie den Augenblick noch einmal
in Zeitlupe ab, Bild für Bild ...
seien Sie so präzise wie möglich.

Was ging Ihnen durch den Kopf?

Gehen Sie Ihre Reaktionen langsam durch und achten Sie dabei darauf, wie Ihr Stressmonster ständig zu Ihnen spricht; hören Sie auf seinen Tonfall. Kommt er Ihnen bekannt vor? Führen Sie sich vor Augen, dass diese vertraute Stimme dazu neigt, Situationen zu »katastrophieren« – das heißt, sie übertreibt über alle Maßen.

Diese Geschichten sind uns oft sehr vertraut ... wie alte Freunde (die Art Freunde, die uns immer das Leben schwer zu machen scheinen).

Doch hinter diesen Katastrophengedanken verbirgt sich oft eine Emotion oder eine Stimmung, die Ihnen vielleicht noch gar nicht so richtig aufgefallen ist.

Trainieren Sie Ihren Lausch-Muskel und hören Sie in sich hinein, als befände sich dieses Gefühl tatsächlich in Ihrem Körper, als sei es ein Teil Ihrer selbst.

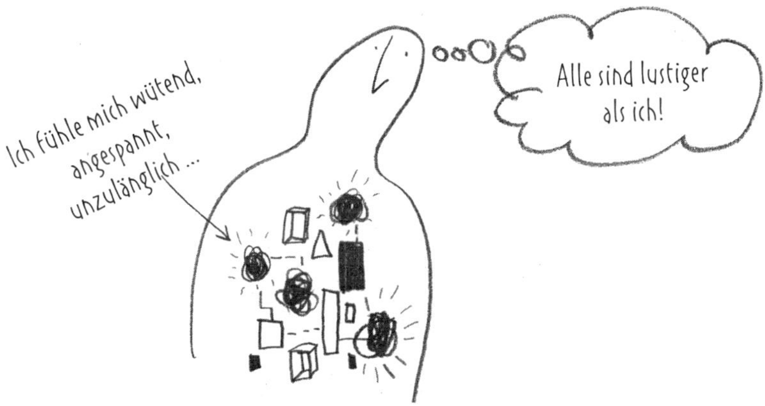

Ihr inneres Stressmonster
will dieses Gefühl loswerden, die Kiste fest
verschlossen halten ... aber das müssen Sie nicht.

Sie müssen ihm nur

RAUM GEBEN,

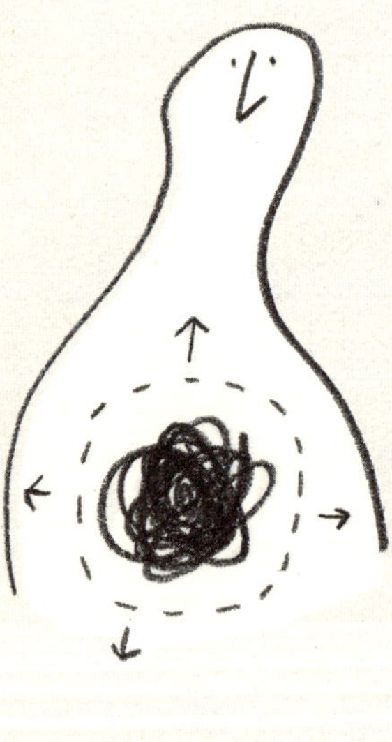

das Gefühl akzeptieren.

Zeigen Sie
WOHLWOLLEN,

als handle es sich
um ein unglückliches Kind.

Erlauben Sie dem Kind,
UNGLÜCKLICH
zu sein.

Seien Sie einfach – bei ihm –

Ganz langsam werden
sich die Gefühle
von selbst ändern.

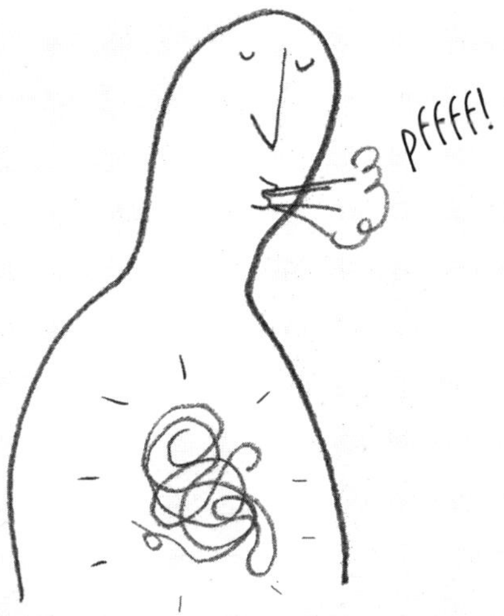

(Selbst wenn es nur ein ganz bisschen ist.)

2. Bettitation

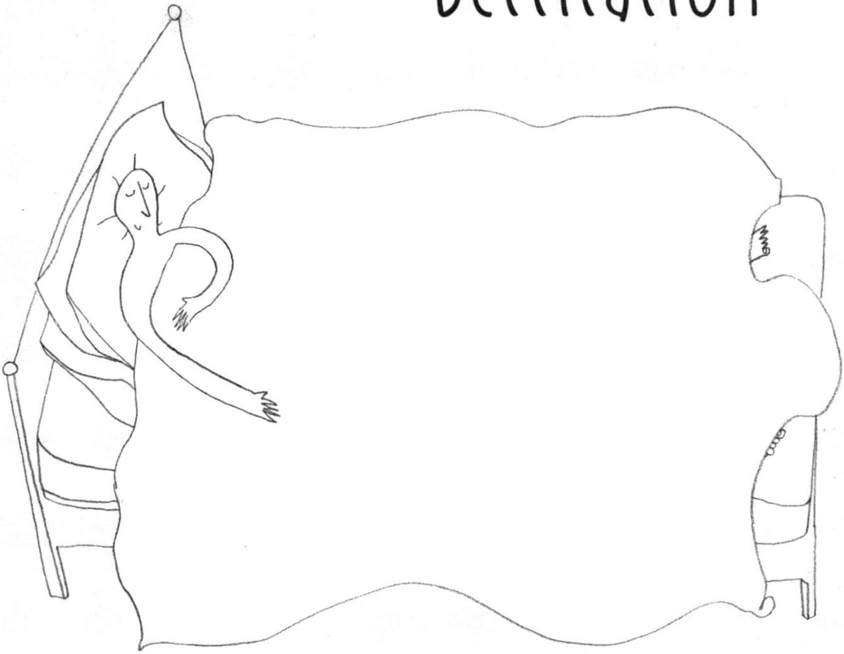

Statt Yoga zu machen,
sich einen Smoothie zuzubereiten oder
laufen zu gehen, machen Sie gelegentlich
NICHTS.

Wenn Sie morgens aufwachen und sich schläfrig, müde, gestresst oder gleich in Alarmbereitschaft fühlen.

Achten Sie darauf, wie Ihr Hirn gleich in den Action-Modus schaltet: Es analysiert, kommentiert und erteilt Ratschläge. Erleben Sie, wie Ihre Gedanken angesichts der erschreckenden Tatsache, dass ein neuer Tag bevorsteht, gleich wieder in alte, vertraute Muster verfallen und Ihnen vorschreiben, was zu tun ist.

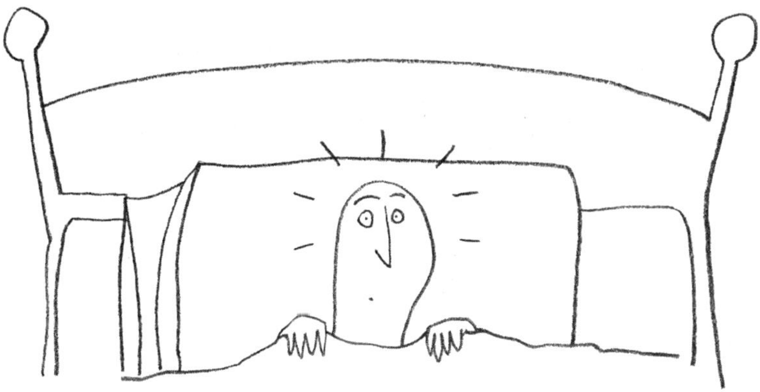

HALTEN SIE INNE …
WARTEN SIE …

Bleiben Sie im Bett liegen und
lassen Sie die Geräusche und Eindrücke
des Morgens über sich hinwegspülen ...
Ohne Eile, ohne Ziel,
ohne Chakren-Atmung.
Entspannen Sie einfach ...
Es gibt nichts, was Sie tun müssten.

Stellen Sie sich vor,
Ihr Bett treibe auf einem Fluss

stromabwärts

Seien Sie einfach
mit sich allein.

Lassen Sie Ihre Gedanken treiben.

Wenn Sie warten,
blitzt vielleicht ein kleiner FUNKE ERKENNTNIS auf, der Ihnen einen WEG DURCH DEN TAG weist.

DAS IST EINE FÄHIGKEIT,
die SIE TRAINIEREN können.

Irgendwann werden Sie in der Lage sein, überall zu bettitieren …

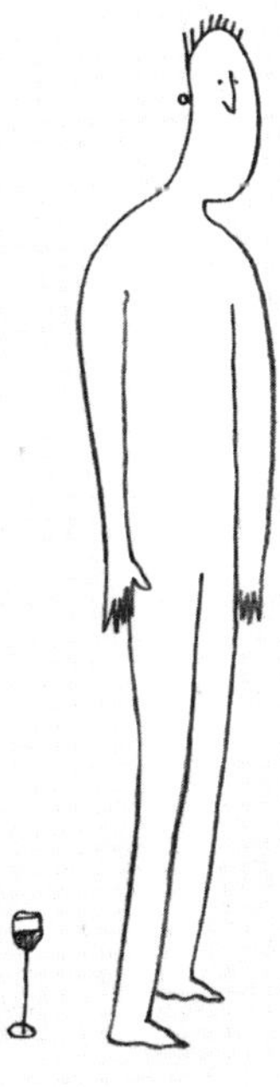

… sogar im Stehen.

3.
»Sollte«-
Ablade-
platz

Diese **Übung** beruht
auf der Beobachtung, dass,
wenn wir »unglücklich« sind,
oft ein »sollte« eine Rolle spielt
(meist ein geheimes).

»Ich sollte mehr Sport treiben.«

»Ich hätte vieles anders machen sollen.«

»Er sollte nicht so ein Blödmann sein.«

»Das hätte sie nicht sagen sollen.«

»Du solltest aufhören, mich zu kritisieren.«

»Ich sollte mit meiner Arbeit zufriedener sein.«

»Wir hätten shoppen gehen sollen.«

»Sollte«-Sätze machen uns meist nicht glücklicher, auch wenn sie das vorgeben. Oft bewirken sie eher das Gegenteil.

Das liegt daran, dass sie dazu dienen, unsere Kisten zu SCHÜTZEN,

... damit sie nicht geöffnet werden müssen

(deshalb wirken sie so überzeugend).

Dass eine Überzeugung ein »sollte« ist,
merken Sie daran, dass Sie GERFIZT,
frustriert oder traurig sind; und daran,
dass Sie wirklich, WIRKLICH daran glauben.

Im Laufe unseres Lebens sammeln
wir »sollte«-Sätze,
bis wir ganze Herden davon haben,

die donnernde Herde
der »SOLLTE«-SÄTZE
(manchmal auch als »Glaubenssystem« bekannt).

Je mehr »sollte«-Sätze wir sammeln, desto mehr halten wir uns selbst und andere für unzulänglich. Es ist wenig überraschend, dass »sollte«-Sätze das Entspannen erschweren.

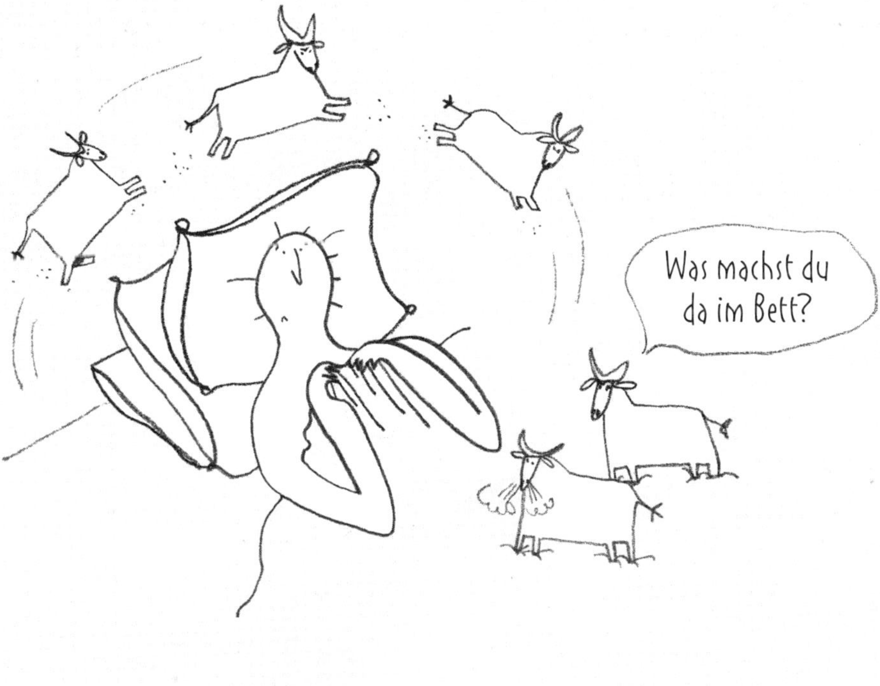

Und Bettitieren unmöglich machen.

Doch die HARTNÄCKIGEN
Viecher lassen sich zähmen.
Das nächste Mal, wenn Ihre »sollte«-Sätze
Sie STRESSEN, können Sie sich den
ÜBERWÄLTIGENDEN ANSTURM der
SELBSTGERECHTEN MEINUNGEN
am besten vom Hals halten,

indem Sie sie einfach als solche
WAHRNEHMEN

(sobald sie sichtbar werden,
verlieren sie ihre Macht).

Überlegen Sie, welche »sollte«-Sätze Ihnen gerade am meisten STRESS verursachen, so RICHTIG oder überzeugend sie Ihnen auch vorkommen.

(Stellen Sie sicher, dass ein paar davon Sie, ein paar aber auch ANDERE Menschen betreffen.)

Tipp: Anstelle von »sollte« können Sie auch »WOLLEN«, »BRAUCHEN« oder »MÜSSEN« nehmen, weil es auch bei diesen Wörtern darum geht, was in Ihren Augen ANDERS sein sollte.

Es könnte helfen, sie aufzuschreiben:

VERSUCHEN SIE,
DIE EMPFINDUNG HINTER JEDEM
»SOLLTE«-SATZ ZU ERMITTELN.
Spielen Sie Detektiv ...

HINTERFRAGEN Sie sich selbst:
Warum ist es so wichtig?
Was wäre anders, wenn dieses
»sollte« in Erfüllung ginge?
Was würde sich für Sie anders anfühlen?
Stimmt das wirklich?

Fragen Sie sich nun: Macht dieses bestimmte
»sollte« mich glücklicher? Oder stresst es mich?

Sie müssen nichts weiter unternehmen.
Allein das Von-der-Seele-Schreiben
schafft ein wenig Raum, in dem sich
die Genialität des Lazy Gurus über den Lärm
der stampfenden »sollte«-Sätze hinweg
Gehör verschaffen kann.

4.

Hausputz

Im Laufe der Zeit treten die Kisten,
die wir durch unsere Gewohnheiten +
Überzeugungen schaffen,
auch als HINDERNISSE + Chaos
in unserer Umwelt zutage.

Die losen Enden werden immer mehr
und die Unordnung immer größer.

All das behindert
den freien Fluss der
natürlichen Weisheit +
der Erkenntnisse.

Es verwirrt unseren inneren Lazy Guru
+ entzieht uns Energie.

Daher lassen sich unsere Probleme ohne Stress am besten freiräumen, indem wir alles rausschmeißen

(Fotos, Musik, E-Mails, ungenutzte Apps, Hosen, die Sie nie tragen ...).

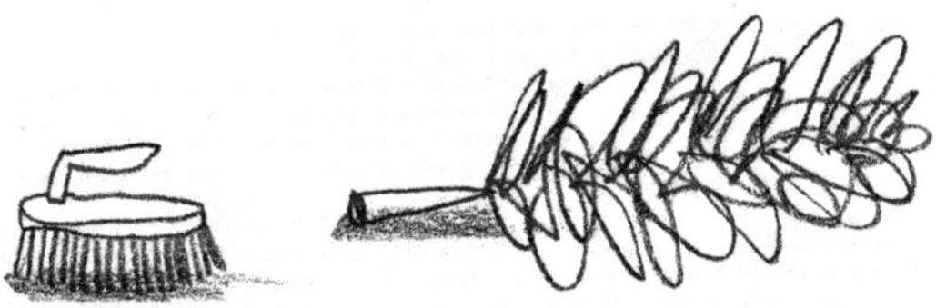

Löschen Sie, werfen Sie weg,
geben Sie ab, schicken Sie zurück,
putzen Sie, waschen Sie, räumen Sie auf …

Dabei werden Ihnen neue Erkenntnisse und Ideen in den Sinn kommen – oder manchmal alte Erinnerungen, Bilder + Gefühle ... sogar beim Aufräumen.

Doch es geht nicht nur um materielle Dinge. So wie Sie die »sollte«-Sätze abladen und Ihr Zimmer aufräumen, so müssen auch die hinderlichen, übertriebenen KLAGEN Ihres inneren Stressmonsters regelmäßig durchgespült werden.

Das geht zum Beispiel mithilfe eines Tagebuchs, in dem Sie jeden Tag notieren, bezeugen und hervorsprudeln lassen, welche verrückten Dinge in Ihrem Kopf vorgehen.

Beobachten Sie Ihr inneres Stressmonster.

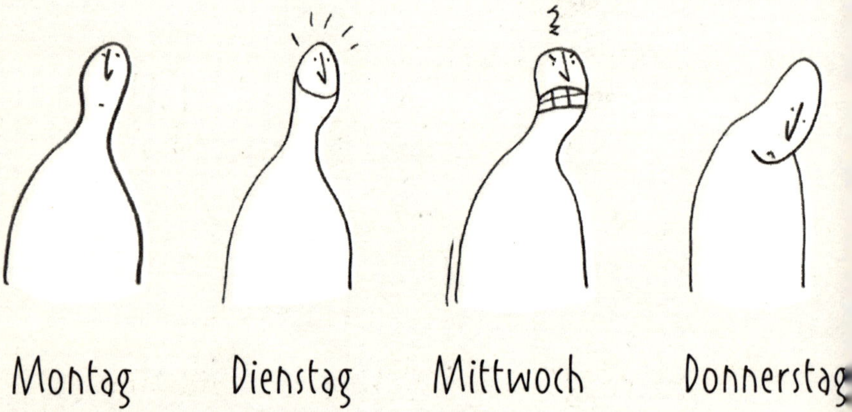

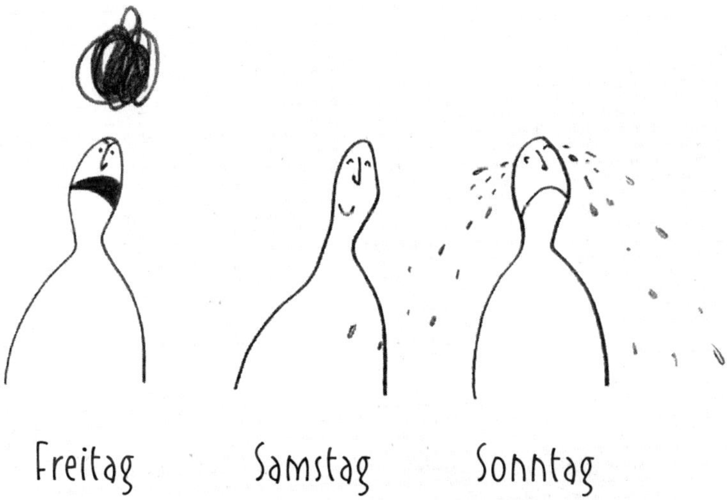

Erleben Sie liebevoll seine Ausbrüche + seinen Irrsinn mit.

Schreiben Sie alle IRRATIONALEN, paranoiden, KUMMERVOLLEN Gedanken nieder, die Sie haben.

Zeigen Sie es niemandem – es sei denn, Sie möchten gern

(Sie müssen es nicht einmal selbst lesen)

+ Sie werden sich besser fühlen,

ohne irgendetwas TUN zu müssen.

5. Locker lassen

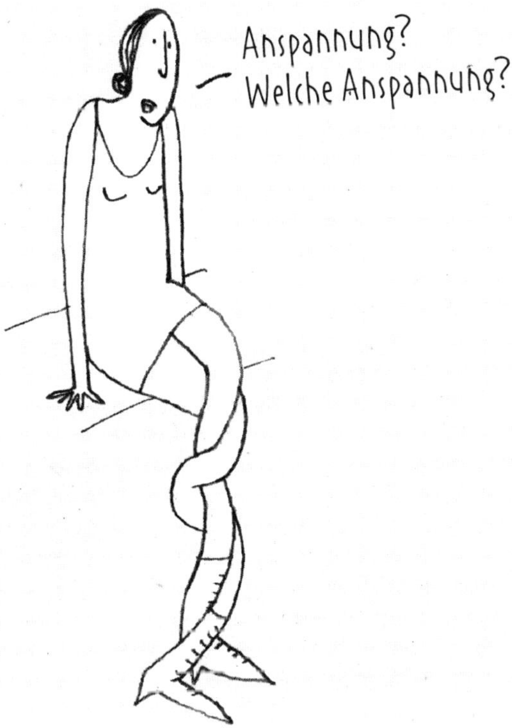

Wie wir gelernt haben,
wirkt sich unser inneres Stressmonster
nicht nur mental und emotional aus,
sondern auch KÖRPERLICH.
Unsere »Kisten« machen
sich in Form von Verspannungen
und Verkrampftheit bemerkbar.

Die klassischen Ansätze, Verspannungen
zu lösen, setzen auf viel Mühe (oder
entsprechende Stoffe), um den Kopf
freizubekommen und die Muskeln zu LOCKERN
– Sport, Alkohol, Sex, Musik –,
das alles kann KURZFRISTIG helfen.

Doch an dem ziemlich schwierigen Verhältnis
zwischen uns und den Kisten ändert
das manchmal nichts.

Eine gewisse Anspannung bleibt …

Wir fallen in die gewohnten Verhaltensmuster zurück.

Richtig locker werden Sie,
indem Sie INNEHALTEN,
IN SICH HINEINHÖREN,
LOSLASSEN ...

Und sich dann (körperlich) so bewegen,
wie Ihre Gefühle es vorgeben.

Nehmen Sie den emotionalen Zustand
an, der gerade am präsentesten ist,
auch wenn es ein Gefühl ist,
das Sie nicht mögen.

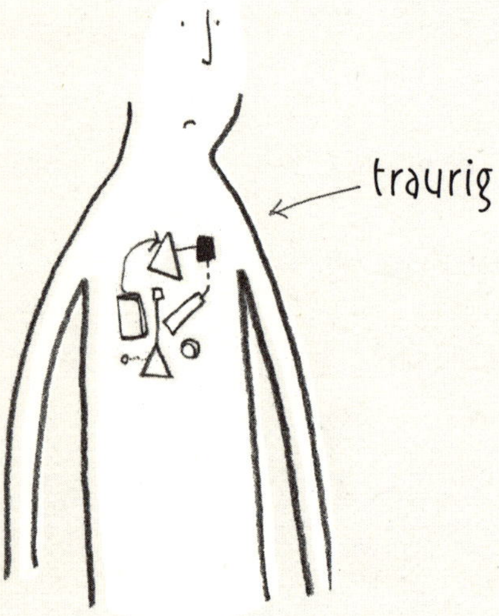

Geben Sie ihm Raum.
Bewegen Sie sich.

Bewegen Sie sich so,
dass sich das Gefühl löst + Platz hat.

Bringen Sie es
in Bewegung.

Schütteln Sie es.

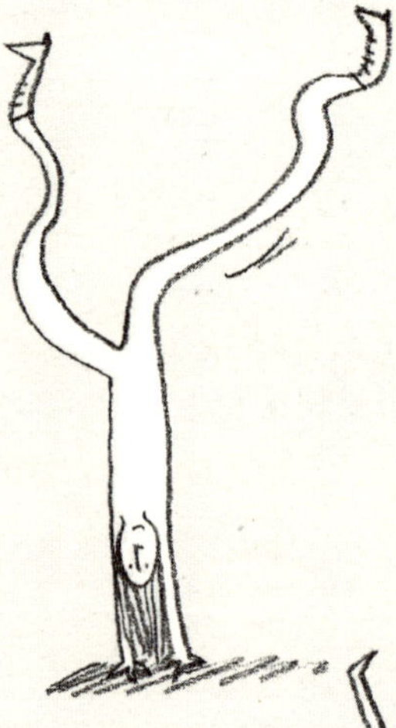

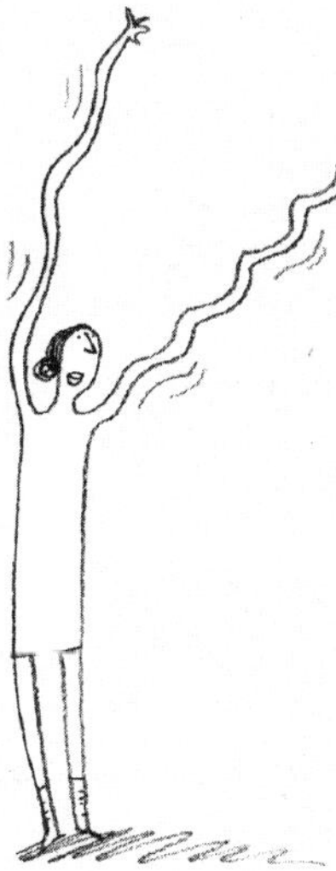

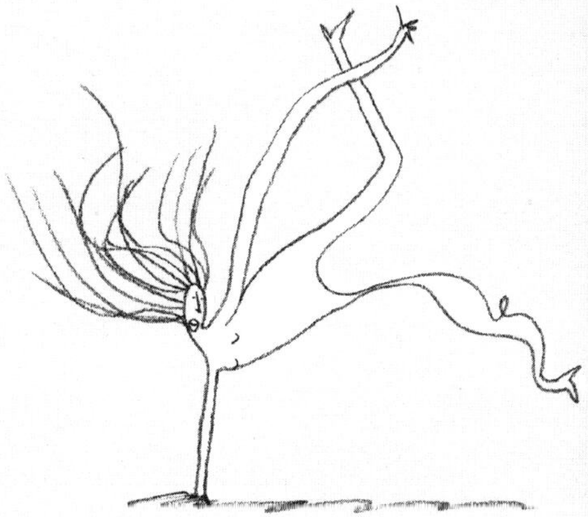

Seien Sie
ruhig laut dabei,
wenn Sie mögen.

Tun Sie, was Ihr Körper verlangt,
recken und strecken Sie sich.

Machen Sie das täglich,
gleich nach dem Aufstehen oder
kurz vorm Schlafengehen,

und mit der Zeit werden sich Ihre Kisten wohler + geborgener fühlen.

6. Keine Ablenkungen

Den Lazy Guru in sich zu wecken
ist nicht einfach.

Es dauert,
bis man alle Schichten freigelegt hat.

Jede Schicht hat ihre eigene Geschichte, ihre eigenen »sollte«-Sätze, Gefühle und einengenden Überzeugungen ...

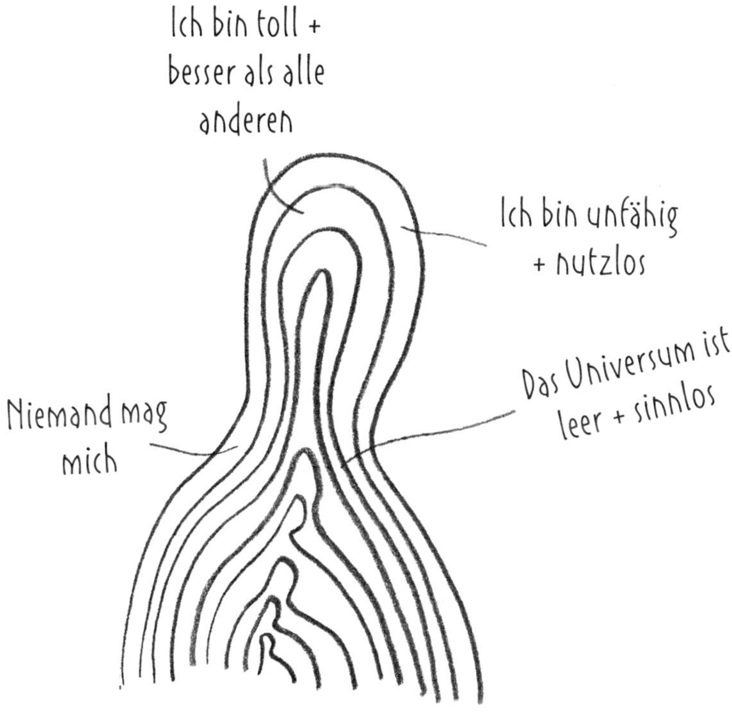

Wenn Sie sich ENTSPANNEN,
kommen die Schichten an die Oberfläche und
lösen sich dann langsam ab.

SIE WERDEN DIE FASSADEN UND MASKEN ZU SEHEN BEKOMMEN, DIE SIE ZU IHREM SCHUTZ AUFGEBAUT UND GETRAGEN HABEN, ABER AUCH DAS WAHRE ICH IN IHREM INNEREN.

Das mag ein unangenehmes Gefühl sein …

(hin und wieder)

Damit geht jeder auf seine Weise um.

Manche Wege sind gesünder als andere.

Diese GEWOHNHEITEN
halten uns am Laufen, aber sie betrügen
uns auch um die Möglichkeit, uns mit
uns selbst (und unseren Kisten)
WOHLZUFÜHLEN.

Sie nehmen RAUM ein.

Probieren Sie daher doch irgendwann einmal aus, wie es sich anfühlt, Freiräume zu SCHAFFEN, statt sie VOLLZUSTOPFEN …

RAUCHEN, TRINKEN, KAFFEE, SCHOKOLADE, SÜSSIGKEITEN, FERNSEHEN, CHATTEN, SOZIALE MEDIEN, KRITZELEIEN, DENKEN, LÄSTERN, SCHIMPFEN, KLAGEN, EINKAUFEN, STÄNDIGE BESUCHE IM FITNESSSTUDIO, ÜBERSTUNDEN, TEXTNACHRICHTEN, FLIRTNACHRICHTEN, LESEN, SCHREIBEN, UNBEKANNTE ABSCHLEPPEN, AUTO WASCHEN, ENDLOSE TELEFONGESPRÄCHE

Verzichten Sie auf Ablenkungen.

Entfernen Sie die Requisiten –
vielleicht nur für ein oder zwei Tage:
NEHMEN SIE SICH ALLE STÜTZEN,
ALLES, WAS DIE RISSE VERBIRGT.

Sie bei sich selbst

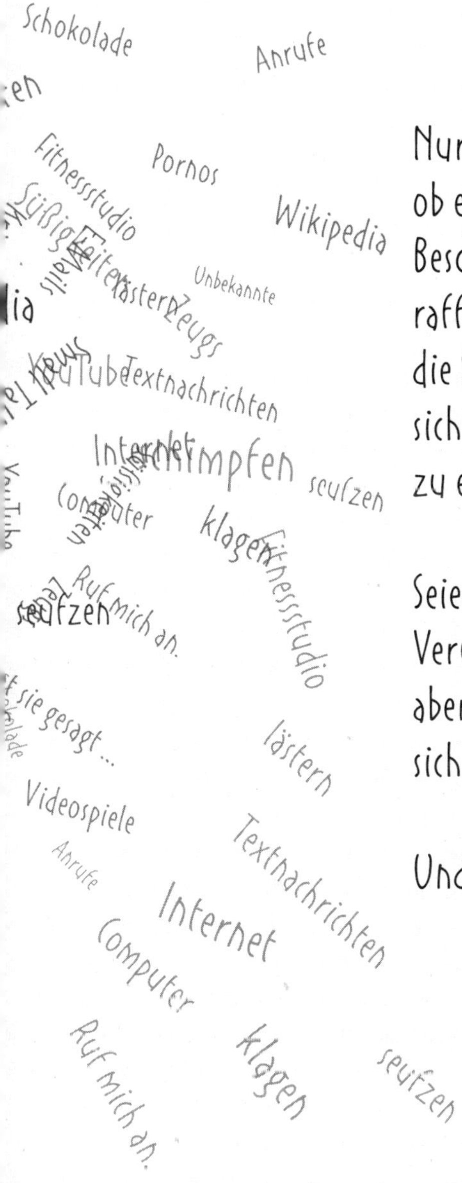

Nur Sie können wissen,
ob es sich um gesunde + wichtige
Beschäftigungen handelt oder um
raffinierte Ablenkungsmanöver,
die Sie davon abhalten sollen, bei
sich selbst zu sein + Ihre Arbeit
zu erledigen.

Seien Sie BEHUTSAM.
Verurteilen Sie sich nicht,
aber BEMÜHEN Sie
sich ... immer nur tageweise.

Und schauen Sie, was passiert.

7. Kommunikation

Seltsamerweise finden
wir es extrem schwierig,
ANDEREN EHRLICH
ZU SAGEN,
wie es uns geht. Dennoch gehört
das zu den besten Möglichkeiten,
Konflikte zu lösen und den Lazy Guru
in uns AUSZULEBEN.

Warum das so ist, wird deutlich, wenn Sie das letzte Prinzip des LAZY-GURU-DASEINS verstehen: Dass JEDER in Ihrem Umfeld ein exaktes SPIEGELBILD Ihrer selbst ist.

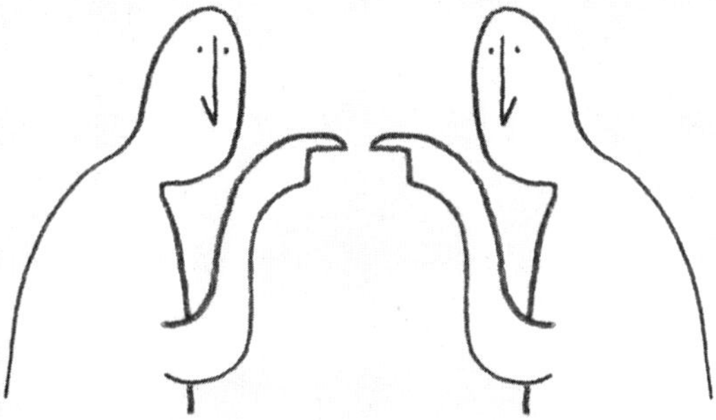

JEDER empfindet die
GLEICHEN Ängste, Unsicherheiten
und Gefühle – doch sie äußern sich
auf unterschiedliche Weise, in Form
von unterschiedlichen Kisten +
in unterschiedlichen »sollte«-Sätzen ...

... meistens GENAU so,
dass es Ihre eigenen auslöst!

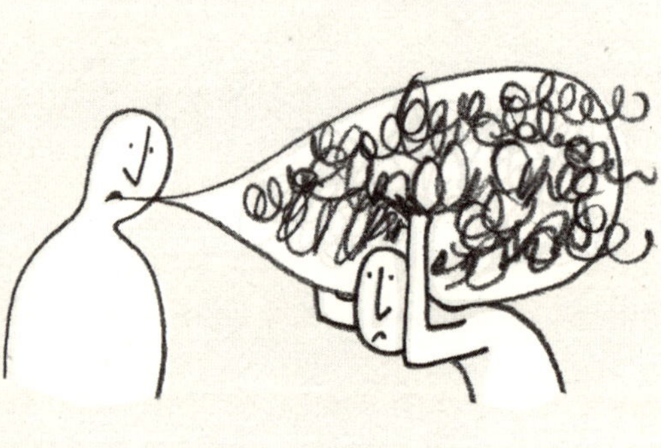

Daher geht man mit den JEWEILIGEN KISTEN am besten um, indem man einander MITTEILT, was darin passiert. ERKLÄREN SIE BEHUTSAM, was in Ihrem Inneren vorgeht, ohne Vorwürfe und Schuldzuweisungen –

BESCHREIBEN Sie Ihre Erlebnisse einfach Schritt für Schritt.

NICHT LAZY

Vorwürfe machen
Dampf ablassen
fordern

reagieren
persönlich nehmen
verteidigen

LAZY

teilen
beschreiben
eingestehen

zuhören
sich Zeit nehmen
antworten

Auch wenn es sich zu Beginn UNHEIMLICH anfühlt, bauen Sie so SPANNUNGEN ab und schaffen VERTRAUEN.

Es mag nicht IMMER richtig sein, doch wenn Sie sich Ihren Ängsten stellen und sich öffnen, werden Sie überrascht sein, wie VIEL das bewirken kann.

Also: Halten Sie inne, hören Sie in sich hinein, lassen Sie los ... und entscheiden Sie dann, ob Sie bereit sind, Ihre Gefühle und Gedanken mitzuteilen.

Zu guter Letzt …

Welche dieser Methoden
Sie auch ausprobieren, letztendlich
geht es immer darum, zu ATMEN;
das ist der LEBENSFLUSS unserer
Körper und Gefühle.
Ob Sie also gerade AM RAD drehen
oder ganz RUHIG sind,

denken Sie immer daran
zu ATMEN!

KAPITEL 6

Ein letztes Wort

Während Sie immer
besser darin werden,
RAUM zu schaffen,

werden Sie feststellen, dass JEDE SITUATION
und jede Beziehung ein EIGENLEBEN führen
und Ihre Befürchtungen und Ihren Stress
gar nicht brauchen, um zu GEDEIHEN.

Sei es ein Projekt, eine Aufgabe, eine Partnerschaft oder eine kreative Idee, ALLES auf der Welt enthält die Informationen, die nötig sind, damit es PERFEKT wachsen und sich entfalten kann, ganz von allein.

Je weniger Sie versuchen, es zu KONTROLLIEREN,

desto besser wird es gelingen.

Manchmal wird es sich
wie Zauberei anfühlen.
Manchmal ist viel Arbeit nötig.
Doch Sie werden anfangen, überall
Hinweise darauf zu finden ...

Und verstehen,
wie diese Welt sein könnte,

You
GO!

wenn **JEDER** den Lazy Guru
in sich ausleben würde.

Also gehen Sie hin und tun Sie weniger …

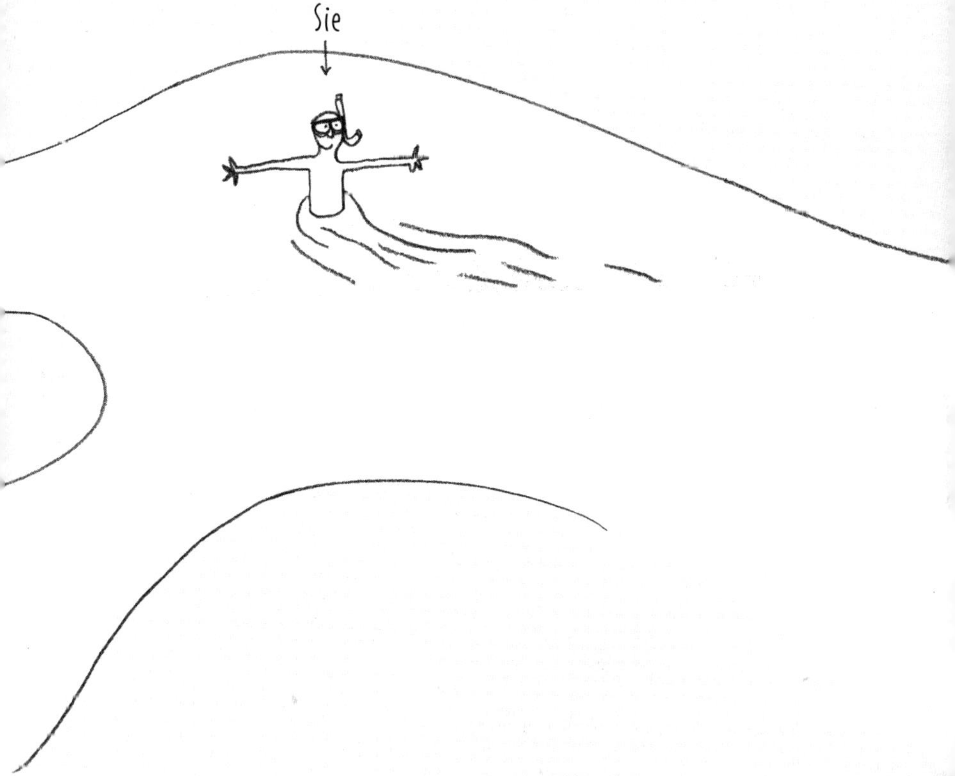
Sie

+ möge der LAZY GURU
mit Ihnen sein!

Der Lazy Guru dankt den folgenden Menschen
für die Inspiration und ihre Unterstützung:

CRISPIN JAMESON, MISCHA FRANKEL, LAURENCE LASSALLE, CHARLES DAVIES, FRANKI ANDERSON, NORINA DIXON, JIM DRENNAN, JAMES HURST, GILL MORGAN, CAROLINE WARD, JANE SAISSENIE, HADRIEN MICHELL, ODETTE MICHELL, ROWAN DELLAL, ADAM CAROLL, SIMON CONFINO, THOMAS VAN BERKEL, ADAM TAFFLER, MATTHEW SHORTER, CHARLIE CANNON, SOPHIE CAMU, SAMUEL VOUGA, SIMON MYERS, DAVID BOND, GORDON WISE …

… UND dem Original-LAZY GURU, SATYANANDA (BERNARDO LISCHINSKY).